教育部人文社科基金"马克思货币批判理论及其当代价值研究"(17YJC10062)。四川省社科基金"资本现代性视域中的马克思货币批判思想及其当代价值研究"(SC15B028)。电子科技大学哲学社会科学青年教师成长接力计划。

马克思诞辰200周年纪念文库
The 200th Anniversary Books for Karl Marx

马克思货币哲学与当代现实问题研究

欧阳彬 | 著

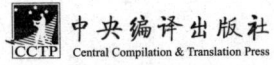
中央编译出版社
Central Compilation & Translation Press

图书在版编目（CIP）数据

马克思货币哲学与当代现实问题研究／欧阳彬著.
—北京：中央编译出版社，2019.1
ISBN 978-7-5117-3664-2

Ⅰ. ①马⋯
Ⅱ. ①欧⋯
Ⅲ. ①马克思主义—货币理论—理论研究
Ⅳ. ① A811.66

中国版本图书馆 CIP 数据核字（2018）第 284931 号

马克思货币哲学与当代现实问题研究

出 版 人：	葛海彦
责任编辑：	谭　伟
责任印制：	刘　慧
出版发行：	中央编译出版社
地　　址：	北京西城区车公庄大街乙5号鸿儒大厦B座（100044）
电　　话：	（010）52612345（总编室）　（010）52612349（编辑室）
	（010）52612316（发行部）　（010）52612346（馆配部）
传　　真：	（010）66515838
经　　销：	全国新华书店
印　　刷：	三河市华东印刷有限公司
开　　本：	710毫米×1000毫米　1/16
字　　数：	184千字
印　　张：	13
版　　次：	2019年1月第1版
印　　次：	2019年1月第1次印刷
定　　价：	68.00元
网　　址：	www.cctphome.com　　邮　箱：cctp@cctphome.com
新浪微博：	@中央编译出版社　　微　信：中央编译出版社(ID: cctphome)
淘宝店铺：	中央编译出版社直销店（http://shop108367160.taobao.com）（010）55626985

本社常年法律顾问：北京市吴栾赵阎律师事务所律师　闫军　梁勤
凡有印装质量问题，本社负责调换，电话：(010) 55626985

目录

引论 货币中的哲学与哲学中的货币：货币哲学如何可能 …………………… 1
  一、货币中的哲学 ……………………………………………………………… 2
  二、哲学中的货币 ……………………………………………………………… 6
  三、货币哲学如何可能 ………………………………………………………… 12

上编 马克思货币哲学思想 ………………………………………………………… 14
  一、货币的人学向度 …………………………………………………………… 14
  二、货币异化与交往异化：马克思《穆勒摘要》中的货币哲学 …………… 22
  三、论马克思货币批判的理论逻辑及其现代意义 …………………………… 31
  四、以整体性原则把握马克思货币理论的研究 ……………………………… 45
  五、赫斯、马克思、西美尔：货币化生活世界批判的三种路径 …………… 52
  六、现代社会中的货币：马克思与当代社会理论的对话 …………………… 58
  七、近代西方社会思想中的货币观念及其与马克思货币思想的关系 ……… 65
  八、马克思的货币哲学与现代社会的发展 …………………………………… 73

中编 西方货币哲学思想 ………………………………………………………… 87
  一、自然哲学的货币理念：论货币经济与早期希腊哲学的关系 …………… 87

二、西美尔《货币哲学》的方法论及其现代意义 …………… 97
三、现代货币与现代哲学 …………………………………… 105
四、经典社会理论中的货币思想 …………………………… 115
五、当代社会理论中货币思想 ……………………………… 122
六、社会世界中的货币:现代西方多学科货币研究追踪 …… 130

下编 货币与现代社会世界 …………………………………… 140
一、货币化的现代社会世界与货币的社会理论研究 ……… 140
二、论国家货币的历史结构与现实挑战 …………………… 147
三、货币:一种语言学的分析向度 ………………………… 154
四、论作为国家意识形态的现代货币 ……………………… 162
五、论全球化背景下作为国家形象战略的货币 …………… 169
六、货币化的社会价值观念批判 …………………………… 175

参考文献 ………………………………………………………… 185

后 记 …………………………………………………………… 198

引论　货币中的哲学与哲学中的货币：
货币哲学如何可能

自1900年德国哲学家西美尔的《货币哲学》诞生以来，关于货币哲学是否可能以及如何可能的前提性问题，成为货币哲学研究的首要问题。虽然西美尔在其著作开篇就论证了货币哲学的合法性：一方面"从那些承载货币之存在实质和意义的条件出发阐释货币"，另一方面"则从货币对内在世界的影响的角度考察货币的历史现象、货币的观念结构"，即"对个体生命情感、对个体命运的链接、对一般文化的影响"①。但是对其的质疑从未中断过。西美尔的同时代学者，如韦伯、涂尔干等就认为"西美尔的阐述方式时常让人奇怪，起码不合时宜"②。现代的一些研究者也质疑能否因为西美尔写了一本《货币哲学》的书就可以认定存在一门关于货币的哲学呢？还是说只是在"隐喻的含义上一般地漫谈哲理来使用哲学概念，所以它绝对不是严格的哲学表述"③。笔者以为，货币化生活世界的内在结构与深刻影响和哲学家们对货币问题的深入批判与系统反思，即货币中的哲学与哲学中的货币，是解决这一问题的两个重要向度。

---

① ［德］西美尔：《货币哲学》，陈戎女译，华夏出版社2002年版，第2页。
② D. Frisby (ed), *Georg Simmel: Critical Assessments*, Volume I, London and New York: Routledge, 1994, p.78.
③ 俞吾金：《货币哲学研究何以可能》，见张雄、鲁品越：《中国经济哲学评论·货币哲学专辑》，社科文献出版社2005年版，第96页。

一、货币中的哲学

所谓货币中的哲学,指的是在货币的形成、发展过程中,以及在人们使用货币的实际生活中所体现的或抽象出的哲学问题。与社会生活中的语言一样,经济生活中的货币是人类在社会和文明发展过程中所取得的最重要成果之一。尤其在市场经济社会中,货币不仅是经济生活的润滑剂,而且还进入了社会生活和精神生活的各个层面,影响着个人与他人及世界的交往关系,牵动着人们对自我、社会的认识;改变着人们的生活方式,塑造着人们的生存价值系统。因此,货币化的生活世界必然会锻造出不同的世界观、价值观、人生观、辩证法、认识论。

(一) 货币世界观

货币是一种现实,是现代社会世界与日常生活的一个基本特征。它带给我们的社会与生活一种特殊的节奏,一种特殊的魅力,一种对世界和我们在世界中的位置的特殊感知。一方面,货币作为人类社会实践,特别是生产实践的产物,锻造出了一种唯物主义的世界观。货币的本质是人类抽象劳动时间的对象化表征符号和象征,是以物的形式表现的人们自己的社会关系,因而,物质生产实践是货币内在本质生成的最深刻基础,社会经济关系是货币内在本质最根本的规定性,货币与人、社会、世界的现实的、具体的关系深深地扎根于一定的社会生产方式。因此,货币力量归根到底,只能是人与人之间经济关系的力量。正如马克思所言:"毫不相干的个人之间的互相的和全面的依赖,构成他们的社会联系。这种社会联系表现在交换价值上,因为对于每个个人来说,只有通过交换价值,他自己的活动或产品才成为他的活动或产品;他必须生产一般产品——交换价值,或本身孤立化的、个体化的交换价值,即货币。此外,每个个人行使支配别人的活动或支配社会财富的权力,就在于他是交换价值的或货币的所有者。他在衣袋里装着自己的社会权力和自己同社会的联系。"① 由于货币所交换的是整个对象世界，有着广泛的价值通约性，人们往往将货币符号视为外部感性事物的真正本质，而与它发生实际交换关系的交换对象，反成了货币符号的派生之物，货币不仅在商品世界，而且在社会世界乃至精神世界都取得了至上的神的权柄而成了力量的象征。所以，货币持有者无意识地将货币符号实体化、主体化、神圣化，从而陷入一种"货币幻象"的唯心主义世界观："人们经常抱怨金钱是我们时代的上帝……金钱越来越成为所有价值的绝对充分的表现形式和等价物，它超越客观事物的多样性达到一个完全抽象的高度……使我们相信金钱的全能，就如同信赖一条最高原则的全能。"②

（二）货币价值观

随着货币的发展，其自身的物质性与功能性逐渐分化，货币呈示为一种纯粹的价值符号。在商品交换发达的资本主义社会里，这种价值符号被赋予了尤为神秘的吸引力。货币因为它具有购买一切东西的特性，因为它具有占有一切对象的特性，所以是最突出的对象。它被当成万能之物，似乎这个纯粹的价值符号是真实世界的真正创造者，"它把我的那些愿望从观念的东西，把那些愿望从它们的想象的、表象的、期望的存在改变成和转化成它们的感性的、现实的存在，从观念转化为生活，从想象的存在转化为现实的存在。作为这样的中介，货币是真正的创造力"③。货币在人们观念中的万能魔力使得人类对其顶礼膜拜，成为整个社会核心的价值观念和价值标准，将所有不可计算的价值和特性化为可计算的量，平均化所有性质迥异的事物，而质的差别不复存在："货币使一切形形色色的东西得到平衡，通过价格多少的差别来表示事物之间的一切质的差别。货币是不带任何色彩的，是中立的，所以货币便以一切价值的公分母自居，成了最严厉的调解者。货币挖空了事物的核心，挖空了事物的特性、特有的价值和特点，毫无挽回的余地。事物都以相同的比重在滚滚向前的货币洪流中漂

---

① 《马克思恩格斯全集》第30卷，人民出版社1995年版，第106页。
② [德] 西美尔：《货币哲学》，陈戎女译，华夏出版社2002年版，第9页。
③ 马克思：《1844年经济学哲学手稿》，人民出版社2000年版，第144页。

流，全都处于同一个水平。仅仅是一个个的大小不同。"①

（三）货币人生观

货币的存在并不是货币自身的单纯物的存在。就货币属人的本性而言，它既作为人的享受对象，又作为人的活动对象，是属人的存在。特别是在货币关系发达的资本主义社会，货币在张扬人的自由与独立性的同时，又带来了人的异化、物化。货币经济的发展消解了以地域和超经济力量形成的经济体系，冲破了用特权和血缘等伦理观念粘合起来的传统社会，使人们不再需要以共同体成员的身份为媒介，而是根据市场的需要，能动地实现自己的价值，并与他人进行平等、自由地交往。"在货币关系中，在发达的交换制度中，人的依赖纽带、血统差别、教育差别等等在事实上都被打破了，被粉碎了。"② 但是同时必须注意到的是，这种自由与独立性仍然是以"物"的依赖性为基础的，个人仍然受到物的统治，这就是货币对人的异化，物化。货币本来是人的创造物，它反过来成为愚弄、支配、统治人的异己力量。渴望全面发展的人变成片面追求货币的单向度的人，人生终极价值的追求被货币的无休止追求所替代，人的丰富多样的情感需求被理性、数量、冰冷的货币欲望所填满，剩下的，就是人的存在的碎片化、价值意识的物欲化与生命感觉的单一化。

（四）货币辩证法

从辩证法的角度看，货币的发展和流通过程蕴涵着丰富的辩证法思想。与所有其他商品相比，货币具有同质性的力量。货币是"一"，在商品交换中作为绝对抽象等价物的体现。货币同质性的一个方面表现为一个单一的物能衡量和交换所有其他的物，又表现出货币的"多"。货币是一与多的辩证统一，因为不同事物都可以用货币来衡量和交换，货币成为普遍性的目的，人们从事经济交换活动的主要目的就是获取货币收入。货币既是作为普遍的目的，也是作为普遍的商品交换的手段出现的。"有这么一些东西，其自身价值完全来自其作为手段的特质、来自其能够转化为更具体价值的能力，但从来还没有一个这样的东

---

① ［德］西美尔：《货币哲学》，陈戎女译，华夏出版社2002年版，第7页。
② 《马克思恩格斯全集》第30卷，人民出版社1995年版，第113页。

西能够像货币一样如此畅通无阻的、毫无保留地发展成为一种绝对的心理性价值,一种控制我们实践意识、牵动我们全部注意力的终极目的……货币本质的内在两极性有两个原因:一、货币是一种绝对的手段;二、对大多数人来说,货币因此在心理上成为一种绝对的目的。"① 货币是手段与目的的辩证统一。货币具有无限的力量,货币的无限性表现在它的能力以及对它的渴望上。货币不仅仅是无限欲望的对象、无限积累的对象,而且本身就是无限。但是每个人所能拥有的货币是有限的,所能挥霍的货币是有限的。货币是无限与有限的辩证统一。货币处于永恒的运动状态,它在各种商品、各个人群、各个地区之间不断流动。同时,在这流通中,在不同的商品交换中,货币本身保持不变。货币体现了动与静的统一。货币体现的价值是同质性的、抽象的,然而这种价值是通过具体的各种商品形态表现出来的。货币是抽象与具体的统一。

(五)货币认识论

货币,这一在人们日常意识中以物的关系、属性、形态出现的存在物,实际上是人们在认识和改造世界过程中所形成的历史性的实践关系的"物象"。因此从根本上说,货币是一种"关系性实在",而不是"实体性实在"。对货币的认识应该从现代货币的生成过程,从货币与政治、经济、社会、文化等诸多因素相互联系、相互作用的过程入手。货币同现代社会的关系是双向的,这表现为货币对现代人和社会文化的发展产生重要影响。它或者催化旧的社会制度瓦解和新的社会结构产生,或者影响和塑造现代文化的发展方向,或者改变人们的交往方式和意识结构。但是货币的任何社会作用的发挥,也只有在特定的现实的社会条件中才得以可能,货币起作用的范围大小和程度深浅受到特定社会文化环境影响和制约。因此,货币作为一种"因变量",是社会、政治、经济、文化等因素共同作用的结果;作为一种"自变量",对社会结构、文化发展、意识结构具有独特影响。因此,货币锻造的是一种相互作用的"关系性"思维方式。所以,西美尔的《货币哲学》的分析卷就是研究"货币是在哪些前提条

---

① [德]西美尔:《货币哲学》,陈戎女译,华夏出版社2002年版,第161-162页。

件——它们被置于精神状态、社会关系、实在与价值的逻辑构造之中——下获得其意义及其实际的位置"。而综合卷则是"从诸种价值感、从与事物相对峙的实践、从人的相互关系作为其前提,去发展货币的历史现象、货币的观念与结构,考察这些现象和观念与结构对内在世界的影响"①。

二、哲学中的货币

所谓哲学中的货币,指的是哲学史上或哲学家们对货币的研究和思想。任何真正的哲学理论要想表达时代的精神,必须能够准确捕捉和回答时代性、现实性的重大问题。货币作为一个认识客体,作为一个现实的人的生存问题,历来都是哲学家们高度关注的对象。

(一) 古希腊哲学中的货币观

古希腊哲学对货币的思考是当时商品交换关系和货币关系迅速发展和扩大的产物。人们在使用货币的实践中获得了一些抽象观念,"从思想方面来讲,正式的货币用法币(nomisma)这个抽象概念取代了财富的旧形象……而法币是价值的社会标准,是一种理性的方法"。②赫拉克利特明确地将世界的生成与商品交换、货币直接联系起来论述:"一切事物都换成火,火也换成一切事物,正像货物换成黄金,黄金换成货物一样。"③在这里,贵金属货币在商品交换中作为普遍交换媒介的作用,就相当于火在赫拉克利特宇宙观中的核心作用。火生成万物,万物复归于火,就像货币交换商品,商品追求货币一样。古典时期,人们从对自然的哲学思考转向社会伦理问题,他们把人的终极的"善"作为人类生活和思考所追求的最高目标。这一伦理思考也反映在对货币、财富的看法中。柏拉图反对把金钱置于德性与荣誉之上,"发了财的人,越是要发财,越是瞧得

---

① [德] 西美尔:《货币哲学》,陈戎女译,华夏出版社2002年版,第2页。
② [法] 韦尔南:《希腊思想的起源》,秦海鹰译,生活·读书·新知三联书店1996年版,第82页。
③ 北京大学哲学系:《古希腊罗马哲学》,生活·读书·新知三联书店1957年版,第27页。

起钱财，就越瞧不起善德。"① 亚里士多德认为，货币的获取、拥有和使用都要符合伦理的善，符合德性。在货币的获取上，亚氏肯定通过农耕渔牧等方式来获得货币、财富，因为它对于满足人们的自然需要乃是必需的。但是亚氏反对经商发财，因为经商的目的是通过交换以获得最大程度的赢利，即货币的积累，而不是满足"善"的生活需要。②

（二）基督教哲学中的货币观

中世纪基督教哲学中货币观植根于《圣经》的原罪说和财富观。基督教认为任何人天生即是有罪的，他们的罪先天地来自其祖先——亚当与夏娃。他们违背与上帝的约定，吃了分辨善恶树的果子，这种悖逆带来了罪。只有通过辛勤劳动去创造社会财富，才有可能洗清自身的罪而重获上帝的救赎与恩典，而金钱作为人类贪欲的对象和财富的象征，往往败坏人的品质与德性，背离上帝的神恩。基督教要求人们"只要有衣有食，就当知足"，"不可贪爱钱财，要以自己所有的为足"（《希伯来书》13：5）。因为"贪财是万恶之根。有些人贪恋钱财，就被引诱离了真道，用许多愁苦把自己刺透了"（《提摩太前书》6：10）。基督教不仅对货币持贬斥态度，而且特别反对高利贷行为，"金钱、实物、或其他贷放行为均不准取利息""你若借钱给他，不可如放债的向他取利""你借钱给他，不可向他取利"（《出埃及记》22：5；《利未记》25：35）。基督教对于高利贷谴责的思想基础在于金钱在教义以及中世纪教会意识中的地位。首先，高利贷是基督教七宗罪之一的"贪婪"的最充分体现。高利贷是一种纯粹为钱的行为，充满了对更多金钱的欲望。其次，高利贷违背上帝所立的自然原则。钱本身是不孕的，然而高利贷却希望钱能生钱，"让钱币生子，蔑视上帝所立之自然法则，让金钱毫无止息地工作，这难道不是一项违反自然的罪孽吗？"③ 再次，高利贷违反了上帝的计划。劳动，是上帝对于人类原罪的惩罚，是一种

---

① ［古希腊］柏拉图：《理想国》，张竹明译，商务印书馆1986年版，第322页。
② ［古希腊］亚里士多德：《政治学》，颜一、秦典华译，中国人民大学出版社2003年版，第19页。
③ ［法］雅克·勒高夫：《钱袋与永生——中世纪的经济与宗教》，周嫄译，上海人民出版社2007年版，第29页。

赎罪。高利贷者不劳而获，是对这一原则的破坏。正是在宗教意识形态的压制下，高利贷者的社会地位极其低下，甚至声名狼藉。

（三）近代社会哲学中的货币观

16—17世纪工商业的兴起、城市生活的繁荣、商品货币关系的发展、新的市民阶级的壮大、封建贵族的没落，都标志着欧洲社会结构发生着深刻的变化。同样，对于货币在新的社会中的作用和影响，社会思想家们提出了一些新的观点和看法，大致可以分为三种思想倾向。

首先是以洛克、休谟等为代表的苏格兰学派社会思想家。他们多是从维护和促进资本主义的立场出发，积极评价货币对于社会发展、经济繁荣、国家富裕所起的重大作用。例如洛克认为货币"这是一种人们可以保存而不至于损坏的能耐久的东西，他们基于相互同意，用它来交换真正有用但易于败坏的生活必需品"①。其次是以莫尔、康帕内拉为代表的早期空想社会主义者，他们激烈地批判资本主义社会中金钱至上所带来的道德沦丧、贫富分化等社会现象，提出一个没有货币的乌托邦。第三是以康德、黑格尔、赫斯为代表的德国古典哲学家。他们大多从人的理性、本质、需要的哲学立场出发，分析货币与人性及其异化的关系。在康德看来，对货币的纯粹拥有，充分体现了人的三大情欲之一的"拥有癖"②。"这种极其愚蠢的情欲"展现了货币导致的人性的异化。在《法哲学原理》中，黑格尔认为货币是"需要的符号"，又为价值所支配，体现着具体需要与抽象价值之间的辩证关系③。

（四）马克思与西美尔的货币哲学

马克思与西美尔在货币哲学的思想史上具有非常重要的地位。马克思被认为是在人类思想史上第一位深刻揭示货币的哲学本质的思想家，而西美尔则在历史思想文献中完整系统地为我们提供了一部以《货币哲学》命名的哲学著作。马克思对货币的哲学解读主要有三个视角：一是从社会生产关系的角度来揭示

---

① ［英］洛克：《政府论》下篇，叶启芳、瞿菊农译，商务印书馆1962年版，第30页。
② ［德］康德：《实用人类学》，邓晓芒译，上海人民出版社2002年版，第186页。
③ ［德］黑格尔：《法哲学原理》，范扬、张企泰译，商务印书馆1961年版，第71页。

货币存在的社会本质;二是从历史发展的角度来揭示货币与人类社会、特别是资本主义社会的复杂联系;三是从人性和人的自由、价值、尊严的角度来解释货币的人学、伦理学意蕴。马克思的思想对西美尔的影响是显而易见的:西美尔的名著《货币哲学》被视为是对马克思的《资本论》"最重要的补充"①。西美尔本人在《货币哲学》的开篇也明确承认,他的《货币哲学》是与马克思对话,"即为历史唯物主义建造底楼"。实际上,西美尔在《货币哲学》中所做的就是将马克思对货币的政治经济学批判扩展到人们的日常社会生活与精神世界,着重研究货币的社会、文化、心理效应。

(五) 现代英美语言哲学中的货币观

语言的意义、结构和用法是英美语言哲学关注的焦点。语言哲学家们在分析这些问题的时候,往往发现货币具有与语言类似的意义、结构和用法,因此可以借助于分析语言而认识货币。特别是在后期维特根斯坦、赖尔、塞尔等日常语言哲学家看来,货币本身就是人们在日常生活使用的另一种重要语言。后期维特根斯坦拒斥那种认为语词、意义与经验世界之间存在内在一致关系的传统语言理论。他认为,这种语言理论就好像没有相应支付能力的"纸面上的汇票",没有实际意义。因此,维特根斯坦强调,语言的意义就是它的用法,货币同样如此,货币的意义,就像字词的意义,不能还原为它所代表的对象:"这儿是词,这儿是含义。这是钱,那是可以用钱买的牛。(与钱和牛对照的是:钱和钱的用法。)"②

奥斯丁——塞尔的言语行为理论把维特根斯坦所说的"意义即用法"发展为"说话就是做事"。语言的意义是使用语言进行的行为。同样,在货币经济中,人们在进行商品与服务的交换时发生的对话沟通模式执行着不同的货币交易活动。在赖尔看来,言语活动就相当于市场中的商业活动,言语活动中使用

---

① [英] 弗雷斯庇:《论西美尔的〈货币哲学〉》,见西美尔:《金钱、性别、现代生活风格》,顾仁明译,学林出版社2000年版,第210页。
② [英] 维特根斯坦:《哲学研究》,陈嘉映译,上海人民出版社2001年版,第75页。

的语言就是商业活动中使用的货币性资本。① 塞尔也指出,作为制度性事实的货币同样依赖语言。"因为要使我们承认这张纸是货币,我们就必须有某种语言或符号的方式来表征新创造出来的有关这些功能的事实,因为我们不可能从这些对象本身的物理属性中看出这些事实。要承认某种事物是货币这个事实就需要通过语言或符号把它表征出来。"② 例如,美元上的"此票为支付一切公私债务的法定货币",这样的宣告使得这张纸券获得了货币的存在。

(六)欧陆人文哲学中的货币观

与英美哲学关注货币与语言的相似性不同,欧陆哲学更注重货币在现时代中的社会、历史、文化和精神意义。结构主义、解释学、存在主义等欧陆哲学流派也正是从各自理论核心出发提出了许多关于货币的思想观点。

拉康在其以话语理论为中心的精神分析模式中认为,货币作为象征界的一种能指,建构着无意识主体。特别是在货币经济社会中,我们都存在着一种自己没有意识到的和金钱的关系。这种关系决定着我们的生活经历,以及我们对自己和他人的最深刻的看法。③ 受拉康这一思想影响,鲍德里亚深入分析了在后现代社会中作为能指的货币的特征。在他看来,后现代货币已经与一切社会生产关系相脱离,既不具有使用价值,也不再具有交换价值,而是成为了一种自由浮动的能指:"货币被掏空了生产的目的性和生产的情感,它成为思辨性的。它从金本位到流动资本和普遍浮动制,从参照符号变为结构形式。这是浮动能指特有的逻辑。"④

Horwitz 在伽达默尔的解释学语言理论基础上,将货币在市场环境中对信息沟通的作用与语言在社会过程中对知识的沟通作用进行比较。⑤ 他认为,就像语言通过我们自己的框架使得我们能够理解他人的由语言构成的思想一样,货币

---

① Ryle. G, *The Theory of Meaning*, In C. A. Mace (ed), *British Philosophy in The Midcentury*, London: Allen&Unwin, 1957, p. 258.
② [美]塞尔:《社会实在的建构》,李学楼译,上海人民出版社 2008 年版,第 67 页。
③ [法]拉康:《拉康选集》,褚学泉译,生活·读书·新知三联书店 2001 年版,第 55 页。
④ [法]鲍德里亚:《象征交换与死亡》,车槿山译,译林出版社 2006 年版,第 29 页。
⑤ Horwitz. S, "Money and the Interpretive Turn: Some Considerations", *Symposium*, Vol. 8, No. 2, 2004, pp. 249 – 267.

也使得我们在经济与社会活动中表现和解释他人的趣味、偏好、需要和价值。如果货币可以与语言类比，那么价格就可以类比语词。市场价格体现了通过货币媒介实现的交换所产生的知识，就像语词体现了通过语言的读写所产生的知识。所以，市场过程的一大特征就是它可以被看作是一种正在进行的对话，一种使用货币和货币价格而不是语言作为沟通媒介的对话。

萨特在《存在与虚无》中将存在主义与精神分析结合起来，提出用"存在精神分析法"来研究货币对于自我存在的意义。萨特指出，购买一个物品是将财产融入个体自我，表现自我拥有的一种形式："由于口袋里有钱，你们在橱窗前停下来，陈列的对象已经有一半是属于你们的了。于是金钱在自为和世界的对象的整个集合之间建立起化归己有的联系。"① 因此，对金钱的拥有、占有，就是在化归己有的信号下与被占有的对象的统一，就是自为存在与具体自在之间的一种存在关系。

（七）西方马克思主义中的货币观

现代西方马克思主义结合资本主义的新近发展，对货币在现代社会中的巨大功能和影响依然保持着批判的距离。哈贝马斯认为，现代社会的危机表现为系统对生活世界的殖民化。所谓生活世界的殖民化就是生活世界中语言的交往媒介被货币和权力所取代，"经济和国家的媒体控制的下属体系，借助货币和官僚政治的手段，渗入了生活世界的象征性再生产。"② 而作为系统沟通媒介的货币和权力，对于生活世界的殖民化起了重要作用。在生活世界的殖民化过程中，人们之间相互交往的媒介不是语言，不是相互之间的理解，而是金钱和权力。

德波在《景观社会》中断言，我们所处的是一个由视觉性的表象、表征、影像成为社会本体基础的颠倒世界，即一个景观社会。现代商品、货币、资本都是作为景观而呈现的："景观是货币的另一面，也是全部商品的一般抽象等价物。货币作为一般等价物的代表，作为其使用价值无法比较的不同商品的可交换性的代表，统治着社会。当商品世界的总体表现为一个整体的时候，景观作

---

① ［法］萨特：《存在与虚无》，陈宣良译，安徽文艺出版社1998年版，第750页。
② ［德］哈贝马斯：《交往行动理论》第2卷，洪佩郁等译，重庆出版社1994年版，第457页。

为整个社会所能成为和所能做的东西的一般等价物,便成为货币的发展了的现代补充物。"① 在景观社会中,人们狂热地追求作为景观的货币,迷恋它的交换价值,而忘记了货币背后代表的人们本真的需要和社会生活。

三、货币哲学如何可能

货币作为一种研究对象,传统上属于专门的科学领域——经济学。经济学像任何一门科学一样,有自己的研究对象、研究方法和宗旨。现代经济学将货币作为便利贸易的交换媒介,认为在这方面货币起着至关重要的作用。经济学的任务是揭示经济运行需要多少货币,货币发行量如何确定,其结构如何,哪些因素影响货币需求,金融市场如何运作。完成这些任务需要相应的方法,主要是数量分析方法。然而,货币中的哲学与哲学中的货币都表明,无论分析货币流量和揭示金融市场形势变化的原因多么重要,都不足以洞察货币的"奥秘":理解货币的本质、货币在社会生活中的作用、货币对人本身的影响。为此,需要哲学的态度、观点和方法,需要把握金钱实质上一切表现形式的思维手段。货币哲学是认识货币这一社会现象的发展,其对物质世界、社会世界、精神世界的影响的客观必然性和规律性的重要途径。正如西美尔所言,"倘若有一门货币哲学,那么它只可能从货币经济学结束和尚未开始的地方起步。"② 从这个意义上说,货币哲学是有可能的与有意义的。

从货币哲学看,货币中的哲学与哲学中的货币两者是密切相关的,先有货币中的哲学才会有哲学中的货币,因为哲学研究的问题绝不会是哲学家头脑中主观自生的。马克思说,"哲学不是世界之外的遐想","哲学首先是通过人脑和世界相联系,然后才用双脚站在地上;但这时人类的其他许多活动领域早已双脚立地,并用双手攀摘大地的果实,它们甚至想也不想:究竟是'头脑'属于

---

① [法]居伊·德波:《景观社会》,王昭凤译,南京大学出版社 2006 年版,第 99 页。
② [德]西美尔:《货币哲学》,陈戎女译,华夏出版社 2000 年版,第 2 页。

这个世界，还是这个世界是头脑的世界"①。哲学之所以是哲学，就在于它对人们实践生活中的一切领域和各门科学中已经存在但习以为常或从未研究过的问题进行哲学思考，货币问题就是其中之一，这就把货币中的哲学变为哲学中的货币。可以说，货币中的哲学与哲学中的货币，共同构成了货币哲学独特的研究视角。一方面哲学是反思性的。它反思和检验具体学科研究对象的前提条件、基本概念和假设。货币中的哲学从货币的哲学本质入手，探讨了货币与社会发展、货币与历史进程、货币与文化生活、货币与价值观念、货币与认识方式等基础性、前提性问题。另一方面，哲学又是超越性的。它超越日常社会经验和直接的客观知识，借助于思辨和抽象，勾画出一幅相对完整的世界图景，并彰显这一世界图景对于个体生命存在的意义与价值。哲学中的货币从货币的存在意义出发，揭示了货币与人的自我、需要、欲望、自由、尊严、生命感觉的内在联系。

---

① 《马克思恩格斯全集》第1卷，人民出版社1956年版，第120页。

上编　马克思货币哲学思想

一、货币的人学向度

经济人类学家栗本慎一郎指出："对于那些以全面地解读文化与社会（当然也包括本来意义上的经济）为目的的科学来说，考察货币理应是其研究的主线之一。"① 毫无疑问，马克思的货币哲学思想正是他全面、深入、系统地研究现代资本主义社会的一条主线。但是，长久以来，人们惯于从政治经济学的视角去解读马克思的货币思想，致使人们对马克思的货币思想所蕴涵的丰富内容的理解受到了限制。实际上，早在《1844年经济学哲学手稿》中，马克思就从人本主义的价值立场出发，系统地剖析了现代资本主义条件下，货币与人的本质、价值、感觉、需要及其异化的关系，深入地分析了造成货币与人的异化的人学根源；在此基础上，指出了扬弃货币异化与人的解放的内在关系，从而深刻揭示了货币内在力量的人学向度。

（一）货币与人的异化

揭示在资本主义社会中人的存在状态及其异化是马克思这一手稿的重要内容，而货币与人的种种异化有着非常密切的联系。因此，马克思自己就申明，他为手稿规定的中心任务之一就是"弄清楚……全部异化和货币制度之间的本

---

① ［日］栗本慎一郎：《经济人类学》，王名等译，商务印书馆1997年版，第107页。

质联系"①。

1. 货币与人的本质。在手稿中，货币不是纯粹的经济学范畴，而是与人的本质相关的哲学范畴。货币在本质上是人的产物，是人的本质的对象化、物化形式。在货币取得一般等价物的形式之后，人的活动及其活动的成果——劳动产品，即人的本质体现，必须先转化为交换价值的形式，也就是说转化为货币，才能实现其活动及其结果对满足自身的需要。因此，货币所代表的不是特定的品质，不是特定的事物，而是人的本质力量："它是人类的外化的能力。凡是我作为人所不能做到的，也就是我个人的一切本质力量所不能做到的，我凭货币都能做到。"② 而在资本主义社会中，货币不仅是人的本质的对象化形式，而且在货币中，人的本质的异化获得了它最极端的表现。在手稿中，马克思形象地揭露了现代资本主义社会中的货币异化：不是人的力量决定货币的力量，而是货币的力量有多大，我的力量就多大；不是人的特性决定货币的特性，而是货币的特性就是我的特性。货币颠倒黑白，混淆是非，它把坚贞变成背叛，把爱变成恨，把恨变成爱，把德行变成恶行，把奴隶变成主人，把主人变成奴隶，把愚蠢变成明智，把明智变成愚蠢。也就是说，货币使一切自然的品质和人的品质颠倒、混淆。因此，货币包含着人的异化了的类本质。

2. 货币与人的价值。马克思认为，在主体对客体的价值关系中，人、主体应处在目的的地位，支配的地位。客体是否有价值，是取决于它对主体是否有意义。人的活动及其产物只有对人有意义或是为了人才是有价值的，因此，人应当具有最大的价值，人的一切活动及其产物都应以人为目的。货币作为人的活动产物，是为了人的需要服务的，是需要与对象之间，人的生活和生活资料之间的"牵线人"，也就是把我和对我来说的他人的存在联系起来的纽带。从这个意义上说，货币是实现人的目的、人的价值的中介和手段。但是，在资本主义私有制条件下，主体和客体的关系发生了颠倒，即作为主体的人本应该处在他的活动和产品的支配的地位上，但是现在却反而处在被奴役的地位上。马克

---

① 马克思：《1844年经济学哲学手稿》，人民出版社2000年版，第51页。
② 马克思：《1844年经济学哲学手稿》，人民出版社2000年版，第144页。

思说:"工人生产的财富越多,他的产品的力量和数量越大……他就越变成廉价的商品。物的世界的增值同人的世界的贬值成正比。"① 换句话说,就是无生命的物质财富的世界统治着有生命的人的世界,作为手段出现的货币取代了人的价值地位,成了"真正的力量和唯一目的"。人的自身价值必须转化为可以度量的货币,也就是说,"你必须把你的一切变成可以出卖的,就是说,变成有用的",才能得到体现与实现。凡是作为人所不能做到的,借助于货币都能做到:"它能吃,能喝,能赴舞会,能去剧场,能获得艺术、学识、历史珍品、政治权力,它能旅行,它能为你占有这一切;它能购买这一切;它是真正的能力。"② 这样,占有货币就成为资本主义社会中普遍的甚至唯一的价值观念。货币从而否定了人的价值与尊严。

3. 货币与人的感觉。在手稿中,马克思阐发了人的感觉的诸多规定性,并指出了现代资本主义私有制下货币与人的感觉异化的联系。马克思认为,人是感性的存在物。人的感觉是现实的人对于其存在的切身体验,是"对人的本质的真正本体论的肯定"。人的感觉具有对象性、丰富性、多样性等特点。首先,感觉是通过对象的存在肯定自己的。由于对象的存在方式不同,感觉的肯定方式也不同,每一种感觉都有其相应的对象存在。因此,眼睛对对象的感觉不同于耳朵,是因为眼睛的对象不同于耳朵的对象。其次,真正人的感觉是丰富的,多样化的。马克思指出:"人不仅通过思维,而且以全部感觉在对象世界中肯定自己",这全部感觉,不仅包括"五官感觉而且(包括)所谓精神感觉,实践感觉(意志、爱等等)"③。但是在资本主义社会中,人的感觉发生了异化,这在货币中体现得尤为明显。人的全部肉体感觉和精神感觉都绝对地受到货币这一私有财产形式的支配。私有财产制使得人们变得愚蠢、片面,以至于达到这样的程度:一个对象,只有当它被我拥有,或者作为我的资本,或者作为我正在吃、喝、穿、住的对象的时候,我才把它看作是我自己的感觉对象。而货币

---

① 马克思:《1844 年经济学哲学手稿》,人民出版社 2000 年版,第 51 页。
② 马克思:《1844 年经济学哲学手稿》,人民出版社 2000 年版,第 123、124 页。
③ 马克思:《1844 年经济学哲学手稿》,人民出版社 2000 年版,第 87 页。

则成为最突出的对象，对象的对象。这是因为货币本身所具有的特性，它具有购买一切东西的特性，具有占有一切对象的特性，所以是最突出的对象。另一方面，货币也使人的丰富的感觉单一化了，"一切肉体的和精神的感觉都被这一切感觉的单纯异化即拥有的感觉所代替"①。就是说，在私有制下，人们多种多样的丰富的感觉日益贫乏，而拥有货币的这种感觉成了人们所追求的唯一的感觉，这样，"一切激情和一切活动都必然湮没在贪财欲之中。"②

4. 货币与人的需要。人的需要是手稿中的一个重要问题。在马克思看来，人的需要应当具有丰富性、全面性、直接性。人不仅有生存、发展的需要，而且还有自我实现的需要。人对外物的占有，不仅表现在吃它，用它，享受它上，更表现在人把自己的本质力量对象化在外物上，使之成为人的自我的确证。马克思称前一种占有为"人的受动""消极的享受"，称后一种占有为"人的能动""积极的享受"。人的需要是全面的，人不仅有吃、喝、住等生存性需要，而且还有获得艺术的享受，获得别人的尊敬和爱的需要。为了强调这一点，马克思还提出了"富有的人"这一概念。"富有的人"就是丰富需要的人，就是"需要有总体的人的生命表现的人，在这样的人的身上，他自己的实现作为内在的必然性，作为需要而存在"③。因此，每一种新的需要直接就是人的本质力量的新的证明和人的本质的新的充实。而在私有制条件下，人的需要的丰富性、全面性、直接性都遭到货币的侵蚀，人不仅没有了人的需要，甚至连动物的需要也不再有了。这是因为，资本主义生产的根本目的，不是满足人们的需要，而是追逐最大限度的利润，攫取最大数量的货币。一切活动的出发点都是金钱，人的丰富多样的需要被货币简单化了。各种各样的需要被化约成了对货币的需要："对货币的需要是国民经济学所产生的真正需要，并且是它所产生的唯一需要。"④ 同时，货币也取消了人的需要的直接性。货币将人的需要划分成有效需

---

① 马克思：《1844 年经济学哲学手稿》，人民出版社 2000 年版，第 85 页。
② 马克思：《1844 年经济学哲学手稿》，人民出版社 2000 年版，第 124 页。
③ 马克思：《1844 年经济学哲学手稿》，人民出版社 2000 年版，第 90 页。
④ 马克思：《1844 年经济学哲学手稿》，人民出版社 2000 年版，第 120 页。

要与无效需要。有效需要以货币为基础,是可以从想象的、表象的、期望的存在改变成它们的感性的、现实的存在。与之相对,没有货币基础的需要则是纯粹观念的东西,也就是不存在的需要,因而对于人是非现实的,无对象的。简而言之,没有货币,就没有需要。

(二) 货币与人的对象化

马克思在手稿中不仅仅揭示了货币与人的本质、价值、感觉、需要及其异化的联系,而且还结合异化劳动与私有财产,阐明了这种联系形成的内在根源。这就是货币与人的对象化的关系。

马克思认为,人是对象性的存在物。人的本质力量的体现不是直接的,而是经由对象性活动及其产物来体现。经过对象再回到自身的过程即是人的对象化过程。人必须在改造对象世界的过程中证明自己的本质力量,这就是说:"人有现实的、感性的对象作为自己本质的即自己生命表现的对象,或者说,人只有凭借现实的感性的对象才能表现自己的生命。"① 因此,对象化是人的本质力量的实现方式。无论是人的本质、价值,还是人的感觉、需要,都必须通过人的对象化活动及其产物才能得以实现与确证,而私有财产及其现代形式的货币正是人的对象化活动的产物。这样,人的存在及其异化必然会与私有财产、货币发生联系。

按照马克思在手稿中的论述,劳动本是人的最根本的对象化活动,是实现人的本质力量的必由途径。但在私有制社会中,劳动却异化了,表现在四个方面:劳动的异化;劳动产品的异化;人的类本质的异化;人与人的异化。私有财产正是异化劳动的"产物、结果和必然后果",是异化了的人的生命的物质的、感性的表现。在私有财产中,"人的对象化的本质力量以感性的、异己的、有用的对象的形式,以异化的形式呈现在我们面前。"② 私有财产就成为人的本质力量的对象形式。正如马克思所说:"私有财产的意义,撇开私有财产的异

---

① 马克思:《1844年经济学哲学手稿》,人民出版社2000年版,第105页。
② 马克思:《1844年经济学哲学手稿》,人民出版社2000年版,第88、89页。

化——就在于本质的对象——既作为享受的对象，又作为活动的对象。"①

私有财产在其历史发展过程中，具有不同的表现形式。马克思说："地产是私有财产的第一个形式。"② 对私有财产的统治一般是从土地占有开始的。马克思认为，封建的土地占有已经包含土地作为某种异己力量对人们的统治。封建地产不仅是农奴的个人身份的表征，即农奴是土地的附属物，而且也是领主人格、个性物化的表现："他的家族史，他的世家史等等——对他来说这一切都是使他的地产个性化，使领地名正言顺地变成他的家世，使领地人格化。"③ 但是，随着私有制经济的发展，动产必然战胜不动产，资本家必然战胜土地所有者，"发达的私有财产"战胜"不发达的，不完全的私有财产"。最后，货币必然战胜其他形式的私有财产，而成为私有财产最普遍、最发达、最完全的现代形式。货币也就成了最突出的对象。正是在这个意义上，马克思认为，货币、资本等范畴不过是异化与私有财产这两个基本因素的特定的展开的表现而已。因此，在资本主义社会中，货币异化最突出、最集中、最本质地体现了人的存在及其种种异化。按马克思的话说，货币异化"清楚地表明了死的物质对人的完全统治"④。

（三）货币与人的解放

揭示货币与人的异化关系及其根源，不是马克思的根本目的。扬弃异化，实现人的解放才是马克思最高的价值理想。正是从这一价值理想出发，马克思深刻论述了扬弃货币异化与人的解放的内在联系。

在资本主义私有制下，人的本质、价值、感觉、需要都遭到了异化，这种种的异化在货币中得到了最鲜明的体现。因此，货币异化是所有异化形式中最突出、最极端的形式。对自我异化的扬弃与自我异化走的是同一条道路，要实现人的解放，就必须扬弃货币异化，而对这种异化的扬弃只有通过共产主义的

---

① 马克思：《1844年经济学哲学手稿》，人民出版社2000年版，第140页。
② 马克思：《1844年经济学哲学手稿》，人民出版社2000年版，第76页。
③ 马克思：《1844年经济学哲学手稿》，人民出版社2000年版，第45页。
④ 马克思：《1844年经济学哲学手稿》，人民出版社2000年版，第46页。

实际实现才能完成。共产主义正是私有财产即人的自我异化的积极的扬弃，是通过人并且为了人而对人的本质的真正占有，是人的一切感觉和特性的彻底解放。

但是，对货币异化的扬弃，并不是如"粗陋的共产主义"所理解的仅仅是对物的私有财产的消灭或共同占有，更不是简单的取消货币。马克思尽管对货币异化采取激烈的批判态度，指出了它所带来的种种荒谬和邪恶，但是对货币这一私有财产的典型形式的历史意义是给予充分理解的。他既看到了货币异化的消极的、否定的影响，又决没有忽视其积极的、肯定的作用。事实上，私有财产和货币的积极扬弃，只能是生产力与货币经济充分发展的结果。这是因为人的本质的丰富与完善并非仅仅是理论问题而是实践的问题，必须以感性的、现实的物质生产的充分发展为基础。"因此，一方面为了使人的感觉成为人的，另一方面为了创造同人的本质和自然界的本质的全部丰富性相适应的人的感觉，无论从理论方面还是从实践方面来说，人的本质的对象化都是必要的。通过私有财产及其富有和贫困——或物质的和精神的富有和贫困——的运动，正在生成的社会发现这种形成所需的全部材料。"① 可见，马克思的结论是要在充分发展货币经济的条件下，在已经和正在生成的社会的基础上，在保存以往种种人的对象化成果的前提下，创造出"具有人的本质的全部丰富性的人"和"具有深刻的感受力的丰富的、全面的人"。在手稿的最后一段，马克思描绘了在共产主义条件下，货币异化现象消失以后的情景。马克思说："我们现在假定人就是人，而人对世界的关系是一种人的关系，那么你就只能用爱来交换爱，只能用信任来交换信任，等等。……你对人和对自然界的一切关系，都必须是你的现实的个人生活的、与你的意志的对象相符合的特定表现。"② 总之，在共产主义社会中，货币的异化将要消失，人和人之间将是真正的、全面的、平等的关系。人将全面占有自己的本质，从货币异化中彻底解放出来，从而实现人的自由而全面的发展。

---

① 马克思：《1844年经济学哲学手稿》，人民出版社2000年版，第88页。
② 马克思：《1844年经济学哲学手稿》，人民出版社2000年版，第146页。

（四）马克思货币哲学思想的现代意义

马克思在《1844年经济学哲学手稿》中对于货币的哲学分析，以现代资本主义社会为基点，提出了一个关于货币与人的异化及其解放的关系的经典论述。这一经典论述深刻地揭示了在资本主义私有制下，人的本质、价值、感觉、需要及其异化是如何在货币异化中得到表现的，以及人的解放又是如何通过对货币异化的扬弃得以实现的。马克思的这一思想在今天仍具有十分重大的理论意义和现实意义。

首先，从马克思的货币思想发展史看，通过上述的解读，我们不难发现，马克思在手稿中所阐释的货币思想与他在《资本论》中的货币思想存在着差异。在内容上，手稿中，马克思把货币作为最典型的私有财产加以剖析；而《资本论》论述的是作为商品和资本的货币：作为商品，货币是一般等价物，作为资本，货币是资本最初的表现形式。在角度上，手稿是从哲学的角度分析货币的本性及其与人的异化的关系；而《资本论》则从经济学的角度出发，从对商品这一最普遍的经济物的分析入手，阐明了货币的起源、本质与职能。在立场上，马克思在手稿中十分感性地表露了他对货币的道德批判的立场；而《资本论》则是从科学研究的立场出发，客观而冷静地研究货币。这些差异启示我们，马克思的货币思想确实是人类思想史上的"第一个详尽无遗的货币理论"[①]。这一理论包含着丰富的内容、意蕴和价值。我们必须突破政治经济学单向度视野的束缚，从人学、历史哲学、社会哲学、伦理学等角度全方位地、多向度地、深层次地研究马克思的货币思想，只有这样，才能真正地揭示出马克思货币思想的精髓。

其次，任何理论研究都离不开现实生活。马克思在手稿中对货币的人学向度的分析，在今天看来，具有了更加深刻的现实意义。第一，急剧发展成熟的现代货币经济使得货币已经成为现代社会生活的焦点。货币的存在与流动正在加速改变着现代人的生活方式，影响着现代人的精神状态。正如社会心理学家

[①] 《马克思恩格斯全集》第24卷，人民出版社1972年版，第22页。

林德格瑞指出："在社会金钱竞争中,濒临失败、垮台的人,最初还只是扫兴(欲望得不到满足),继而是忧郁,最后干脆变得麻木不仁了。人们很清楚,一旦没有钱,便削弱了奋斗的基础,这种心理上的影响会降低自我价值感。"① 这表明,在现代这个以货币经济为主导的社会中,货币在人的生命价值系统中的意义已经得到了空前的提升。拥有尽可能多的货币,以求得社会的认同,确立自我价值与尊严,是一种普遍的社会心理。在此过程中,如何摆正货币价值、社会价值与自我价值的关系,避免在追求金钱的过程中迷失自我,陷入货币拜物教的泥淖,就成为一个紧迫的现实问题。第二,当前,我们正在进行社会主义市场经济建设,市场经济从某种意义上说就是货币经济,因此,现代中国人迫切需要一种成熟的、健康的货币价值观。除了懂得怎样赚钱、怎样用钱、怎样理钱以外,还要深刻认识和理解货币与人性、货币与人的价值、货币与人的自由等等关系。特别是在中国这个对金钱货币有着种种禁忌与情结的国度,树立一种健康、成熟的货币价值观,对于社会主义市场经济体制正常、有序、健康的运行,具有特别重要的意义。可以说,它是市场经济必要的伦理基础。第三,货币在现代社会政治生活中的作用日益突出。货币是政治的"母乳",社会地位、权力结构、声誉威望等与货币的关系越来越紧密。货币经济的扩张,使得货币逐渐进入到它不该进入的社会公共权力的领域。公共权力的货币化带来了这些领域的腐败,其危害日趋严重。因此,正确认清货币的本质,界定与矫正货币与公共权力的关系就成为遏制腐败的一项重要内容。马克思在手稿中对货币的人学阐释已经触及了这些问题的核心。正确地把握、理解马克思在手稿中关于货币的思想、方法和立场,将有助于我们更正确地思考、解决这些现实问题。

二、货币异化与交往异化:马克思《穆勒摘要》中的货币哲学

《詹姆斯·穆勒〈政治经济学原理〉一书摘要》是马克思1844年经济学研

---

① [美]林德格瑞:《金钱心理学》,宿高文、小筠译,吉林人民出版社1991年版,第62页。

究所取得的最重要的成果之一，它的思想价值和文献价值越来越受到学界的重视和研究。它被认为是一个完全可以与《1844年经济学哲学手稿》相比肩的一流文献，在《手稿》的研究史上，甚至在整个马克思主义的思想发展史上都占有极为重要的理论地位。

（一）货币是交往异化的典型表现

宗教类比与异化主题在马克思对穆勒的评注中再一次出现，同时马克思也进入了一种政治经济学的范式和术语中。一开始，马克思就批评穆勒忽视了这一事实：既然供给与需求在现实中并不总是一致，那么"交换价值"（这里马克思讲的是严格意义上的价格）就并不总是由生产成本决定的。提出这一点，似乎主要是回应穆勒关于货币价值的论述。穆勒认为，货币是交换媒介，是商品。货币的价值是流通中的货币数量决定的，反过来也依赖于生产费用。生产费用构成了金银商品的价值，但马克思并没有直接谈到这些政治经济学内容。虽然马克思赞扬穆勒关于货币是交换的中介的观点，但是他讨论的语境并不是穆勒的政治经济学语境，而是哲学的，也就是在异化理论的框架中，当然，它的经济学成分比《论犹太人问题》要多得多。

《穆勒摘要》的一个重要内容是通过对以穆勒货币理论为代表的国民经济学货币本质论的分析，来揭示私有财产所掩盖的人的社会行动的异化或交往的异化。[①] 马克思这样写道："穆勒把货币称为交换的中介，这就非常成功地用一个概念表达了事情的本质。货币的本质，首先不在于财产通过它转让，而在于人的产品赖以互相补充的中介活动或中介运动，人的、社会的行动异化了并成为在人之外的物质东西的属性，成为货币的属性。"[②] 在这里，马克思之所以称赞"穆勒把货币称为交换的中介，这就非常成功地用一个概念表达了事情的本质"以及带有肯定的口吻说："国民经济学以交换和贸易的形式来探讨人们的共同存

---

① 韩立新：《〈穆勒评注〉中的交往异化：马克思的转折点》，载《现代哲学》，2007年第5期；姜海波：《私有财产的外化与交往异化——解读詹姆斯·穆勒〈政治经济学原理〉一书摘要》，载《现代哲学》，2008年第3期。

② 马克思：《1844年经济学哲学手稿》，人民出版社2000年版，第164页。

在性或他们积极实现着的人的本质",是因为按照马克思的理解,交往是"类活动和类享受""社会的活动和社会的享受",换句话说,是人的"类本质"和"社会本质"。人必须生活在"类"、共同体或社会之中,因为单个人是无法自给自足的,他必须要借助于来自他人的劳动产品才能生存下去。在这个意义上,交往或者用马克思本人的表达方式"相互补充",是人的本性,是人的本真形态。因此,货币和商品交换中所体现的人与人之间的"相互补充"关系对于实现"类生活"和"真正的人的生活"具有重要意义,尽管他们还是以国民经济学的方式。

但是,在私有制的市民社会中,交往却采取了一种与人和人的关系不相符的形式,即"社会交往的异化形式"。由于私人所有的出现和人转变成"私有者",人同人的关系就变成私有者同私有者的关系。货币在这一过程中逐渐取代其他形式的私人所有而一跃成为交换的中介。它不但使"人本身不再是人的中介",而且使人格与人格之间的交往蜕变成私人所有和私人所有之间的交换,并反过来开始支配人格与人格的交往本身。因此,货币是交往异化的典型表现。按照马克思对货币的经典定义,"货币,是私人所有的外化,是排除了私人所有的特殊的人格本性的抽象。"① 货币的本质在于私人所有,它是私人劳动的创造物;但同时它又是排除了私人所有的特殊形态,是私人所有外化的结果,因此货币应该从属于人,是"人的社会的行为"外化的结果。但是不幸的是,货币一旦被创造出来,却成为"在人之外和在人之上的本质"。在货币面前,人的愿望、活动以及同他人的关系都成了与自己相异己的力量,人反而丧失了自身,将货币当作目的本身。人与物象之间的主客关系开始发生颠倒,人沦落为货币的奴隶,货币拥有了支配人的"真正的权力",成为"真正的上帝"。正如马克思所说,货币是"异己的中介"②,人们的社会关系、个人权力、地位身份的控制全都让渡给了这个非个人性的"异己的中介""真正的上帝""真正的权力"。倘若没有货币性价值,事物就会被视为是没有价值的,那么事物中货币的价值

---

① 马克思:《1844 年经济学哲学手稿》,人民出版社 2000 年版,第 166 页。
② 马克思:《1844 年经济学哲学手稿》,人民出版社 2000 年版,第 165 页。

来源就被颠倒了，即使生产活动也被视为货币的产物，而不是相反。在马克思的异化理论中，货币被描述成一种异己的私有财产，"是人的生产与人的生产之间的外化的中介，（因此）是人的外化的类活动"。简言之，是"私有财产丧失了自身的、异化的本质"①。可以看出，在对货币本质的界定上，《穆勒摘要》与《论犹太人问题》是基本一致的，但是也存在差异。在《穆勒摘要》中，马克思更加注重从政治经济学的客观视角出发，将货币的本质与生产，和私有财产这些政治经济学范畴联系起来分析。

接着，马克思对作为交换媒介的货币的讨论继续沿用了已经确立的宗教类比。就像基督调节上帝与人：代表上帝面前的人，代表人面前的上帝，代表人面前的人；货币调节社会与私有财产：代表为了私有财产的私有财产，代表为了私有财产的社会，代表为了社会的私有财产。上述类比表明上帝是社会，基督是货币，私有财产是人。马克思在《资本论》第3卷的一段中再一次阐释了货币与宗教的类比："货币主义本质上是天主教的；信用主义本质上是基督教的。'苏格兰人讨厌金子'。作为纸币，商品的货币存在只是一种社会存在。信仰使人得救。这是对作为商品内在精神的货币价值的信仰，对生产方式及其预定秩序的信仰，对只是作为自行增殖的资本的人格化的各个生产当事人的信仰。但是，正如基督教没有从天主教的基础上解放出来一样，信用主义也没有从货币主义的基础上解放出来。"② 这一例子表明马克思早期使用的某种意象和类比在晚期同样深刻。这也使得马克思的货币哲学更加丰富，更加具有社会意蕴，而不仅仅是经济学家分析的那样。

马克思接下去分析到，为什么私有财产必然发展到货币呢？"这是因为人作为喜爱交往的存在物必然发展到交换，因为交换——在存在着私有财产的前提下——必然发展到价值。"③ 而货币是作为价值的现实存在。马克思在这里已经触及交换、价值、货币之间的关系。人是"交往的存在物"，交往必然要交换，

---

① 马克思：《1844年经济学哲学手稿》，人民出版社2000年版，第165页。
② 《资本论》第3卷，人民出版社2004年版，第670页。
③ 马克思：《1844年经济学哲学手稿》，人民出版社2000年版，第166页。

而交换又是以私有财产为前提,交换关系不是人作为社会的人的真正关系,而是私有财产对私有财产的抽象关系,这种抽象关系表现为价值、货币,因此交换又必然发展为价值。前苏联学者卢森贝认为马克思这时已经区别了自然经济私有制和商品货币私有制,并由此"奠定了真正科学的经济学说史的基础"①。这种评价虽有拔高之嫌,但是我们可以发现那种抽象的人本主义的货币异化观点已经被变换为一种在社会经济运动中,在私有制经济关系中审视货币的理论。

(二) 国民经济学中的信贷与货币异化

马克思还比较了现代国民经济学与货币主义的货币观点。马克思认为货币主义将价值排他性地定位在稀有金属上,所以货币是财富。然而政治经济学家不过是"用精致的信仰代替了粗陋的信仰",因为国民经济学仍然在抽象性和普遍性中把握货币的本质,错误地把价值归于它的对象形式。他们也是想当然地在一般商品的交换价值中来界定货币的本质,而不是在作为总体的资产阶级活动(生产、劳动)中来发现货币的"灵魂"。国民经济学仍然没有看到私有财产运动的过程,没有看到货币是私有财产的外化,更没有看到私有财产遮蔽了真正的人与人的关系。

马克思在国民经济学的语境中证明了资本主义社会的信用业、信贷、银行业中反映的不是对人的信任而是对私有财产的信任。在马克思看来,"不论是生产本身内部的人的活动的交换,还是人的产品的相互交换,都相当于类的活动和类的享受。它们的现实的、有意识的、真正的存在是社会的活动和社会的享受。"② 马克思在此提出"人的本质是人的真正的社会联系",但是在私有财产的前提下,这种联系是以异化的形式出现的。国民经济学正是以交换和贸易的形式来探讨人们的社会联系,实质上国民经济学探讨的是异化的社会联系或异化的社会交往,正如斯密探讨的是异化劳动的规律一样。因此马克思指出,"国民经济学把社会交往的异化形式作为本质的和最初的、作为同人的使命相适应

---

① [苏]卢森贝:《十九世纪四十年代马克思恩格斯经济学说发展概论》,方钢等译,生活·读书·新知三联书店1958年版,第75页。
② 马克思:《1844年经济学哲学手稿》,人民出版社2000年版,第170页。

的形式确定下来了。"① 于是，马克思在《穆勒摘要》中提出了与劳动异化相类似的结论，即人与人的交往异化。在马克思看来，以穆勒为代表的国民经济学交换理论的出发点是私有者同私有者的关系并以此代替了真正的人与人的关系，代替了人的真正的社会联系，因此国民经济学探讨的交换和贸易是以私有财产的外化为前提的，也就是把私有财产转让或出让给另外一个人为前提的。所以，外化的私有财产在以穆勒为代表的国民经济学家眼中是交换和贸易的前提，与斯密的理解如出一辙，私有财产在国民经济学中仍然是天然合理的抽象存在。但穆勒的论述更具有迷惑性和欺骗性，所以穆勒"更加排斥人"。马克思继续发问："我怎么会非把我的私有财产转让给另一个人不可呢？"国民经济学家对此做出了正确的回答，"由于贫困，由于需要。"劳动也由此蜕变为劳动者直接的生活来源，它同人的需要没有任何直接的联系，而仅仅是作为谋生的手段："因此，交换或物物交换是社会的、类的行为，社会联系，社会交往和人在私有权范围内的联合，因而是外部的、外化的、类的行为。正因为这样，它才表现为物物交换。因此，它同时也是社会关系的对立。"② 进一步讲，人的活动的产品的相互交换表现为物物交换，人的活动本身或劳动的相互补充和相互交换表现为分工，"这种分工使人成为最高度的抽象的存在物，成为旋床等等，直至变成精神上和肉体上畸形的人。"③ "生产和消费、活动和享受在不同的人之间和在同一个人身上的分离，是劳动同它的对象以及同它作为享受自身的分离。分配是私有财产的积极实现自身的力量。"④ 至此，马克思通过交换和分配澄清了私有财产不仅导致人的劳动的异化，导致劳动蜕变为谋生的活动，而且私有财产不断外化，即以信贷、信用和银行业表现出来的货币形式还导致人们的交往异化。

信贷就其实质来说，仍然是人与人的交换活动。信贷不同于一般的交换活

---

① 马克思：《1844 年经济学哲学手稿》，人民出版社 2000 年版，第 171 页。
② 马克思：《1844 年经济学哲学手稿》，人民出版社 2000 年版，第 173 页。
③ 马克思：《1844 年经济学哲学手稿》，人民出版社 2000 年版，第 175 页。
④ 马克思：《1844 年经济学哲学手稿》，人民出版社 2000 年版，第 176 页。

动之处在于，信贷的内容是货币，中介是人。表面看来，信贷的确使人重新处于人与人的关系之中。但是青年马克思指出，信贷只是货币发展得更完善的形式，即货币高度抽象化的结果。信贷以表面看来合乎人性而更成功地掩盖了人与人的社会联系。首先，信贷的内容仍然是货币，债权人之所以愿意把货币贷给债务人，完全是基于自身利益的考虑，其出发点和根本目的都指向货币的增值。信贷只是债权人为攫取更多货币的利己主义行为。

其次，债权人对债务人的信任只是一种假象，在这种假象背后，是"人对人的极端的不信任和完全的异化"。在马克思看来，这种不信任主要表现为：债权人把货币贷给债务人，必然对债务人的社会美德和声誉，对债务人的肉体和灵魂做出国民经济学的判断，即债务人必须是在国民经济学看来具有支付能力的人，并因此他才能是诚实的人。在信贷中，道德上的"诚实"等于国民经济学中的"支付能力"，货币成为估价人的道德的标准。"富裕"就是"诚实"，"贫穷"就是"社会的贱民、坏人"。

第三，在信贷中，人代替货币而成为交换活动的中介，但是充当中介的"人不是作为人而是作为某种资本和利息存在的"①。这就是说，人被物化为货币了。信贷的本质就是人的货币化。"在信贷关系中，不是货币被人取消，而是人本身变成货币，或者是货币和人并为一体。人的个性本身、人的道德本身既成了买卖的物品，又成为货币存在于其中的物质。"② 人的货币化，不仅使人的社会声誉，而且使人的肉体和精神都成为买卖的对象。因此，以人为中介的信贷不是把物支配人的权力重新还给人本身，人也并不是向人的本质真正回归。信贷造就了人与人直接联系和交往的假象，从而更说明了资本主义私有制的虚伪，"虚伪制度内的一切进步和不一贯全都是最大的倒退和始终一贯的卑鄙。"③显然马克思从原来对经济研究中的一个具体问题的论说，开始了一种理论逻辑的跃迁，从人本主义货币异化现象的思辨批判，升华为对整个资本主义经济异

---

① 马克思：《1844年经济学哲学手稿》，人民出版社2000年版，第169页。
② 马克思：《1844年经济学哲学手稿》，人民出版社2000年版，第169页。
③ 马克思：《1844年经济学哲学手稿》，人民出版社2000年版，第169页。

化的现实研究。

正是出于对信贷、信用、银行本质的认识，马克思反对圣西门仅仅完善银行组织的想法，认为银行（信贷）系统不过是重新获得在货币中失去的调节能力，它服从于人的控制。信贷是比个人间的交换更复杂的一种异化现象。所以，马克思认为，圣西门改革信用系统就能带来更大的社会正义的观点是错误的。

虽然马克思一直怀疑信贷关系，激烈反对空想社会主义者钟情于信贷和银行变革，但是后来他还是认为发达的信用系统是向共产主义过渡的一个中间环节。在《资本论》第3卷第27章中，他指出，信用是在对私有财产的去个人化的过程中的一种"在资本主义生产方式本身范围内的扬弃"，一种有效的"社会化"①。信用可以通过联合股份公司否定性地实现，也可以通过工人们有组织的生产联合肯定性地实现。表面上，马克思好像对普鲁东主义的立场摇摆不定，但是他的立场是鲜明的。信用货币与信用系统是货币系统变革为新的系统之前的最复杂形式与最高发展阶段，空想社会主义者试图仅仅通过完善信用系统去变革社会的想法是错误的。

在《穆勒摘要》的最后，马克思设想了扬弃了货币异化的"作为人进行生产"的应然局面。在这样的生产过程中，每个人的产品都被注入了他的个性特点，同时他的产品满足了别人的需要，因此又是人的本质力量的对象化。在这样的生产过程中，每个人都是"类"的中介，同时证明了人的社会本质，而不是借助私有财产、货币、商品等中介，总之，"我们的产品都是反映我们本质的镜子"②。在这个假定的情境中，一方面，"劳动是自由的生命表现，因此是生活的乐趣"，而在私有财产的前提下，劳动仅仅是生命的外化，仅仅是为了生存；另一方面，"劳动是我真正的、活动的财产"，而在私有财产的前提下，劳动仅仅是一种痛苦，仅仅是被迫的活动。私有财产的外化改变了人作为人进行生产和交换的应然结果。以上是我们按照马克思叙述的逻辑对《穆勒摘要》的内容所进行的文本解读，我们可以发现，马克思仍然是以批判国民经济学中的

---

① 《资本论》第3卷，人民出版社2004年版，第495页。
② 马克思：《1844年经济学哲学手稿》，人民出版社2000年版，第184页。

"私有财产"范畴为核心展开的,特别是批判作为穆勒交换理论之前提的私有财产。马克思试图阐明的是:私有财产外化为货币使人的社会关系异化,使人与人之间的交往异化。因此,马克思指出,"异化了的人的社会是一幅描绘他的现实的共同体,描绘他的真正的类生活的讽刺画",其现实根源就在于私有财产外化为货币。

(三)货币异化的社会关系视角

《穆勒评注》是从货币开始讨论的,而货币作为交往的中介与异化劳动不同,它不是一个孤立的私有者的单独行为,而是复数私有者的共同事业,它所反映的是复杂的社会关系。接下来马克思所讨论的其他核心范畴,譬如银行和信贷、交往(交换)、分工、营利劳动等也都具有这一特点,都是以两个以上的私有者的社会关系为前提的。与研究对象上的这一变化相对应,《穆勒评注》的研究视角也从《第一手稿》的自我异化转向了交往异化或者相互异化,而相互异化的实质是社会关系的异化。因此,我们可以说马克思在《穆勒评注》中,开始采用了一个"社会关系视角"。这一视角的出现绝对是马克思思想发展史上的一件大事,它给马克思的理论构架带来了巨大的变化:一方面它使马克思摆脱了抽象的主客体式人本主义逻辑,破除了只从劳动来说明人的本质的局限性,开始从社会关系的角度揭示人的本质;另一方面,它使马克思开始从社会关系的角度理解社会和历史,并建构了属于自己的社会概念,正像我们在《〈政治经济学批判〉序言》中所看到的那样,从社会关系(生产关系)来解释人类历史是唯物史观的前提。[①]

依据"类人本学"原则展开的"异化劳动"诸规定都是立足于劳动者个体而形成的,即便"人同人相异化"的内涵也是:"一个人同他人相异化,以及他们中的每个人都同人的本质相异化。"至于抽象的"类"这一概念,同样是由个体出发,从生产的对象性、全面性、自由性三方面相统一的角度显现的。而现在的"交换"分析则更多地从整体视角来阐述"异化":货币的这种"进行交

---

① 韩立新:《〈穆勒评注〉中的交往异化:马克思的转折点》,载《现代哲学》,2007年第5期。

换活动的人的中介运动，不是社会的、人的运动，不是人的关系，它是私有财产对私有财产的抽象的关系"①。第二也是更重要的是，这种广义的"交换"活动的理想状态被称之为"社会的"，从此"社会"这个概念开始与《1844年经济学哲学手稿》中的"类"同效，并且在更多的场合代替"类"成为逻辑分析与演绎的工具。最显性的例证是《摘要》里对"人的本质"的表述，这里原有的抽象范畴"类"被置于一旁，代之以"社会联系"："人的本质是人的真正的社会联系，所以人在积极实现自己本质的过程中创造、生产人的社会联系、社会本质"。而人的这种本质更具有客观自在性，"有没有这种社会联系，是不以人为转移的"。

在青年马克思最初的经济学研究中，《穆勒摘要》是一部极为重要的文本，因为它真正呈现了青年马克思以哲学家的身份面对古典经济学时的某种逻辑突变，即从哲学人本主义的构架去批判资产阶级经济学的努力。② 在摘要中，马克思对货币的研究也是处于这一复杂语境。马克思将费尔巴哈的自然人与人与人的自然关系进一步确定为社会的人与人与人的社会关系，赫斯的金钱异化观点被系统化为一种关于人的类本质（关系）在社会经济运动异化的理论。马克思从对社会政治分立（异化）的关注走到对社会经济领域的异化现象的关心，再从对金钱异化的具体批判走到了一种对经济关系异化的总体逻辑的哲学批判。

三、论马克思货币批判的理论逻辑及其现代意义

随着国内经济哲学研究的深化，对马克思货币哲学思想的探讨也逐渐开展起来。③ 但是就目前的研究现状而言，对马克思货币哲学思想的研究仍停留在概论式的介绍，或是单一文本的解读，而忽视了马克思货币哲学思想的内在逻辑

---

① 马克思：《1844年经济学哲学手稿》，人民出版社2000年版，第166页。
② 张一兵：《回到马克思》，江苏人民出版社2003年版，第187页。
③ 宓文湛：《货币观念的哲学审视——"货币哲学高级研讨会"综述》，载《哲学动态》，2004第4期。

线索。事实上，从青年马克思开始政治经济学研究到他思想成熟时期的《资本论》，货币一直是马克思政治经济学批判的一个重要问题。因此，厘清马克思货币批判的理论逻辑，不仅对马克思思想研究具有方法论意义，而且对我们当前的经济建设和社会发展也具有实践价值。

（一）人本主义异化逻辑的货币批判

从人本主义抽象的人的本质这一视角去研究货币问题，把货币的本质理解为外化的、异化的抽象的人的本质，同时人被自己创造出来的货币所支配和奴役，这是青年马克思货币批判的主导逻辑。

在青年马克思一系列关于现实问题（如关于莱茵省议会"林木盗窃法"的辩论）的研究中，这种基于人本主义异化逻辑而对货币所做的哲学批判，就已经有所显露。马克思发现在现实生活中精神本质的异化并非如黑格尔所言的那种崇高理念的对象化实现，而更多地表现为"卑劣意识"的物质化。马克思把这种追求物质利益的倾向斥为"三文钱买来的渊博学问"，是一种"感觉欲望的宗教"[①]。他把这种不受人的精神理性控制的对外在物质的盲目崇拜称之为"下流的唯物主义"和黄金拜物教："我们的时代即文明时代，却犯了一个相反的错误。它使人的实物本质，即某种仅仅是外在的，物质的东西脱离了人，它不认为人的内容是人的真正现实。"[②] 在1843年写下的《论犹太人问题》中，马克思明确指出，在经济生活中，金钱是一种外在于主体的物，又是人类主体本质外化的表现。金钱明明是人创造的东西，可是现在它却以"一切事物的普遍价值"的身份剥夺了主体自身和整个世界的价值，更重要的是，异化了的主体又不得不拜倒在这个人造物面前："钱是从人异化出来的人的劳动和存在的本质；这个外在本质却统治了人，人却向它膜拜。"[③] 金钱成为了人们膜拜的世俗的神，世界的神。这是主体的人与自己的创造物关系的颠倒。

这种立足于主客体颠倒地对货币异化的哲学批判在《1844年经济学哲学手

---

① 《马克思恩格斯全集》第1卷，人民出版社1956年版，第113页。
② 《马克思恩格斯全集》第1卷，人民出版社1956年版，第346页。
③ 《马克思恩格斯全集》第1卷，人民出版社1956年版，第448页。

稿》中得到了进一步阐发。马克思申明，他为手稿规定的中心任务之一就是"弄清楚……全部异化和货币制度之间的本质联系"①。

货币在本质上是人的产物，是人的本质的对象化、物化形式："它是人类的外化的能力。凡是我作为人所不能做到的，也就是我个人的一切本质力量所不能做到的，我凭货币都能做到。"② 但是在私有制条件下，人的本质异化了。作为人的本质对象化产物的货币不仅同人相分离，而且反过来奴役和支配人。在货币中，人的本质的异化获得了它最极端的表现。在手稿中，马克思形象地揭露了现代资本主义社会中的货币异化：不是人的力量决定货币的力量，而是货币的力量有多大，我的力量就有多大；不是人的特性决定货币的特性，而是货币的特性就是我的特性。货币颠倒黑白，混淆是非，它把坚贞变成背叛，把爱变成恨，把恨变成爱，把德行变成恶行，把奴隶变成主人，把主人变成奴隶，把愚蠢变成明智，把明智变成愚蠢。也就是说，货币使一切自然的品质和人的品质颠倒、混淆。货币把这些本质力量的每一种都变成它本来不是的那个东西，即变成它的对立物，"货币的这种神力包含在它的本质中，即包含在人的异化的、外化的和外在化的类本质中"③，货币体现着人的异化了的类本质。以此为出发点，马克思还批判了货币与人的价值、货币与人的感觉、货币与人的需要、货币与人的自由等异化问题。④

这一时期，马克思对货币异化的哲学批判的主要特点就是认为作为主体的人在其发展过程中，由于自己的活动而外化出自己的对立面——货币，把自己的本质力量给予它。这种对立面（货币）作为一种外在的、异己的力量转过来反对、愚弄、支配、统治主体本身，主体的人成为它的奴隶。显然这种对货币批判的哲学基础是这一时期马克思从先验主体出发的人本主义异化史观的主体

---

① 马克思：《1844年经济学哲学手稿》，人民出版社2000年版，第51页。
② 马克思：《1844年经济学哲学手稿》，人民出版社2000年版，第144页。
③ 马克思：《1844年经济学哲学手稿》，人民出版社2000年版，第144页。
④ 欧阳彬：《货币的人学向度——论＜1844年经济学哲学手稿＞的货币哲学》，载《哈尔滨学院学报》，2005年第3期。

辩证法①，并且受到赫斯的经济异化思想的强烈影响。②

（二）客观的唯物主义的货币批判

然而，由于此时的马克思是站在人本主义的价值立场上来从事哲学批判的，马克思所说的人、人的本质以及作为人的本质的劳动等概念，都是脱离社会现实条件的抽象概念。马克思把这些抽象概念同作为人的本质的劳动和作为财富的一般形式的货币联系起来，确认货币的本质是外化的、异化的和外在化了的人的本质，即人的劳动，这无疑也是脱离社会现实条件的人本主义的抽象观点。随着马克思政治经济学研究的开展与推进，马克思对社会现象的认识与分析逐渐建立在经验的、实证的基础上。马克思对货币的批判视角也相应地发生了明显的变换：他日益从资本主义社会的物质条件和客观经济关系去研究和批判货币问题。

有学者已经指认出在《1844年经济学哲学手稿》中马克思思想的双重逻辑：即在人本主义异化史观的主导逻辑下隐含着一条从现实描述出发的客观唯物主义线索。③ 对于货币的批判也是处于复杂的多重语境中，除了立足于主客颠倒的人本主义异化批判这一主导逻辑外，马克思还从资本主义经济生活出发，对货币提出了一种实证的唯物主义批判。他一开始就强调他的研究结论"是通过完全经验的、以对国民经济学进行认真的批判研究为基础的分析得出的"④。他还在对黑格尔的辩证法的批判中高度评价费尔巴哈，认为费尔巴哈的伟大功绩在于"创立了真正的唯物主义和实在的科学，因为费尔巴哈也使人与人之间的社会关系成了理论的基本原则"⑤。同样，马克思在货币的分析中也开始注意到现实的人与人之间的社会关系。例如马克思在《手稿》中认为货币是联结人与人、人与社会、人与自然的"纽带"，并指出，货币是联系一切纽带的纽带，

---

① 张一兵：《马克思历史辩证法的主体向度》，河南人民出版社1995年版。
② 侯才：《青年黑格尔派与马克思早期思想的发展》，中国社会科学出版社1994年版。
③ 张一兵：《回到马克思》，江苏人民出版社1998年版。
④ 马克思：《1844年经济学哲学手稿》，人民出版社2000年版，第3页。
⑤ 马克思：《1844年经济学哲学手稿》，人民出版社2000年版，第96页。

还是社会"地地道道的粘合剂"和"社会的电化学势"①。在这里，马克思已经从人的现实社会生活来分析货币的功能，包含着后来马克思关于货币的职能和社会关系思想的萌芽。马克思还力图通过对国民经济学的批判揭示货币异化的现实基础，即私有制。他认为货币是私有财产的"特定的、展开了的表现"。②在前资本主义社会，土地占有是私有财产的基础，"地产是私有财产的第一个形式"。但是随着工业和资本主义经济的发展，发达的私有财产战胜不发达的、不完全的私有财产，货币战胜其他形式的私有财产，成为私有财产的完全的、纯粹的形式。"从而中世纪的俗语'没有无领主的土地'被现代俗语'金钱没有主人'所代替。后一俗语清楚地表明了死的物质对人的完全统治。"③ 显然，马克思是从现实的社会历史发展的角度展开对货币的分析与批判的，这与抽象的人本主义的异化批判有明显不同。

在《詹姆斯·穆勒〈政治经济学原理〉一书摘要》中，马克思继续从政治经济学的客观现实视角出发去分析和批判货币。马克思从穆勒的交换观点出发，尤其是从他的商品交换的中介即货币的观点出发揭示经济异化本性。马克思认为货币的本质首先不在于财产通过它转让，而在于人的产品赖以互相补充的中介活动或中介运动："人的、社会的行动异化了并成为在人之外的物质东西的属性，成为货币的属性。"④ 这个中介成为真正的上帝，对它的崇拜成为"目的本身"。

其后的《神圣家族》也同样体现着立足于经济现实的货币分析和批判的社会唯物主义逻辑。在讨论政治经济学问题的"批判性的评注2"中，马克思注意到，私有制在自己的经济运动中自己把自己推向灭亡，但是它只有通过不以它为转移的、不自觉的、同它意志相违背的、为客观事物的本性所制约的发展，才能做到这一点，这是经济现实的客观逻辑，要消灭私有财产的完全表现形式

---

① 马克思：《1844年经济学哲学手稿》，人民出版社2000年版，第144页。
② 马克思：《1844年经济学哲学手稿》，人民出版社2000年版，第63页。
③ 马克思：《1844年经济学哲学手稿》，人民出版社2000年版，第46页。
④ 马克思：《1844年经济学哲学手稿》，人民出版社2000年版，第165页。

的货币,也要遵循同样的客观逻辑:"财产、资本、金钱、雇佣劳动以及诸如此类的东西远不是想象中的幻影,而是工人自我异化的十分实际、十分具体的产物,因此也必须用实际的和具体的方式来消灭它们。"① 在讨论崇拜金钱的犹太精神的历史发展时,马克思又明确说明这种发展只能在"工商业的实践"中才能看到,它的存在只有用现实的犹太人的"市民社会的实际基础来解释",并且,彻底消除这种精神是一个现实的实践任务,即"消灭现代生活实践中的非人性的任务,这种非人性的最高表现就是货币制度"②。与前面那种基于人的类本质自我异化的货币批判逻辑不同,在这里,我们看到马克思强调的是在客观经济运动的现实发展中分析和批判货币。

这一时期,马克思之所以逐渐摆脱对货币的人本主义异化批判的思辨逻辑,开始从现实的客观的社会经济活动出发考察货币,与他致力于古典政治经济学研究与批判是密切相关的。古典政治经济学的经验性质与实证方法,其认识论中所包含的唯物主义前提,都使得马克思在研究货币的过程中自觉不自觉地开始采用一种唯物主义的视角。③ 而马克思对政治经济学的研究越是深入,其对货币的分析就越接近历史唯物主义。

(三) 历史唯物主义货币批判逻辑的初步确立

对货币批判的唯物主义视角的确立,为马克思最终克服和超越人本主义异化货币观,扬弃其抽象的人及抽象的货币本质等概念,在理论上奠定了重要基础。1845 年春,马克思写下《关于费尔巴哈的提纲》这一马克思思想革命的"天才提纲",继而又与恩格斯一起撰写了《德意志意识形态》,实现了哲学的革命变革,形成并初步阐述了自己的新世界观,即历史唯物主义。它提供了一种研究包括货币问题在内的经济问题以及一切其他现实问题的崭新的理论视角。从历史唯物主义的视角去研究货币问题,就是要从具体的、历史的、现实的社会物质活动,特别是要从资本主义生产方式来理解货币的本质与职能。

---

① 《马克思恩格斯全集》第 2 卷,人民出版社 1957 年版,第 66 页。
② 《马克思恩格斯全集》第 2 卷,人民出版社 1957 年版,第 141 页。
③ 刘永佶:《马克思经济学手稿的方法论》,河南人民出版社 1993 年版,第三章。

马克思强调，历史唯物主义把每个个人和每一代当作现成的东西承受下来的生产力、资金和社会交往形式的总和，理解为历史及其发展的"现实基础"，"它不是在每个时代中寻找某种范畴，而是始终站在现实历史的基础上，不是从观念出发来解释实践，而是从物质实践出发来解释观念的东西"①。由此，他批判施蒂纳将现存社会关系的一切罪恶归结为"市民和工人相信金钱的真理"这种唯心论。相反，马克思从现实社会的经济生活、物质生产和社会交往出发，认为"货币是一定的生产和交往关系的必然产物并且只要这些关系存在时货币总是'真理'"②。货币、地租、利润等"这些私有财产的现实存在形式是与生产的一定阶段相适应的社会关系"③。

《哲学的贫困》延续了马克思对货币的历史唯物主义批判。马克思指出，货币是一个历史范畴，它是与资本主义社会生产方式密切相关的，在以往的政治经济学研究中，所有资产阶级"经济学家都把分工、信用、货币等资产阶级生产关系说成是固定不变的、永恒的范畴"，这些"经济学家向我们解释了生产怎样在上述关系下进行，但是没有说明这些关系本身是怎样产生的，也就是说，没有说明产生这些关系的历史运动"④。

马克思从资本主义生产方式入手研究货币的视角在批判蒲鲁东的货币观中进一步深化。首先，针对蒲鲁东颠倒经济与法律的关系，认为贵金属能成为货币是由于君主们打上了自己的印章而产生的观点，马克思批判道："在蒲鲁东先生看来，君主的专横就是政治经济学中的最高原因！""其实，只有毫无历史知识的人才不知道：君主们在任何时候都不得不服从经济条件，并且从来不能向经济条件发号施令。"⑤"金银之所以在法律上具有交换能力，只是由于它们具有事实上的交换能力，而它们之所以具有事实上的交换能力，那是因为当前的

---

① 《马克思恩格斯全集》第3卷，人民出版社1960年版，第43页。
② 《马克思恩格斯全集》第3卷，人民出版社1960年版，第221页。
③ 《马克思恩格斯全集》第3卷，人民出版社1960年版，第255页。
④ 《马克思恩格斯全集》第4卷，人民出版社1958年版，第139页。
⑤ 《马克思恩格斯全集》第4卷，人民出版社1958年版，第121页。

生产组织需要普遍的交换手段。法律只是事实的公认。"① 针对蒲鲁东关于习惯赋予贵金属作为交换手段的特殊职能是纯粹契约的职能的观点，马克思指出："为什么在目前已经形成的这种交换中，必须创造一种特殊的交换手段来使交换价值个别化呢？" 这是因为货币不是东西，而是"一种生产关系"，"是和一定的生产方式相适应的"②。就是说，货币所表现的关系也像其他经济关系如分工等一样也是一种生产关系，这种关系正如个人交换一样，是和一定的生产方式相适应的。所以马克思反复说："黑人就是黑人。只有在一定的关系下，他才成为奴隶。纺纱机是纺棉花的机器。只有在一定的关系下，它才成为资本。脱离了这种关系，它也就不是资本了，就像黄金本身不是货币，砂糖并不是砂糖的价格一样。"③ 蒲鲁东从"意志"出发，企图通过将一切商品都变成金银那样的货币，从而消灭货币的主张，只能是脱离现实经济关系的主观幻想。

（四）历史唯物主义货币批判逻辑的成熟

可以说，《德意志意识形态》以及《哲学的贫困》对蒲鲁东货币观的批判，拉开了马克思从历史唯物主义视角研究货币的序幕。此后，马克思将哲学的批判理性与现实的经济学的实证研究有机结合，进一步深化了从社会历史的经济发展过程中批判货币的历史唯物主义视角，并在他的《1857—1858 年经济学手稿》《政治经济学批判》和《资本论》中把这种理论创新活动推到了高潮。这是马克思在他"一生黄金时代的研究成果中"给我们留下的最精彩的理论遗产之一。

在《57—58 手稿》中，马克思分析了蒲鲁东主义者由于不了解生产、分配和流通之间的内在联系以及生产关系的首要作用，把货币流通和信贷错误地等同起来，对"劳动货币"概念进行了错误解释，因而不能对货币的起源及其本质做出正确理解。马克思指出，货币存在的前提是社会联系的物化，货币是产品的商品形式发展的必然结果。在交换过程中，产品转化为商品，商品价值转

---

① 《马克思恩格斯全集》第 4 卷，人民出版社 1958 年版，第 124 页。
② 《马克思恩格斯全集》第 4 卷，人民出版社 1958 年版，第 119 页。
③ 《马克思恩格斯全集》第 6 卷，人民出版社 1961 年版，第 486 页。

化为货币。货币就是同商品本身相分离的、物化的交换价值。马克思指出:"同商品界本身相脱离而自身作为一个商品又同商品界并存的交换价值,就是货币。"① 本来,作为交换价值的物的形态的货币只是商品在社会交换中实现的手段和工具,可是在商品经济和资本主义社会的发展中,原来作为手段出现的货币越来越成为生产的目的。交换关系本身也开始成为人与人的关系中支配性的东西,货币成为经济关系中真实的权力因素,随着生产的社会性关系的发展,货币的权力也在同一程度上发展,也是就说,交换关系固定为一种对生产者来说是外在的,不依赖于生产者的权力。最初作为促进生产手段出现的东西,成了一种对生产者来说是异己的关系。人的工具成为人的目的。一切社会关系都转化为货币关系,"实物税转化为货币税,实物地租转化为货币地租,义务兵转化为雇佣兵,一切人身的义务转化为货币的义务。"② 这是手段与目的的颠倒,是人的社会存在与金钱关系的异化,是发生在现实经济关系中的颠倒和异化。相对于过去那种人与人的直接交往关系,现在资本主义社会中,人与人的关系经过交换中介(货币)的物化就不可避免。马克思写道:"活动的社会性,正如产品的社会形式以及个人对生产的参与,在这里表现为对于个人是异己的东西,表现为物的东西……在交换价值上,人的社会关系转化为物的社会关系;人的能力转化为物的能力。"③ 所以,货币存在的前提正是社会关系本身的物化。

接着,马克思深刻批判了货币所体现的资本主义社会人与人关系的物化与颠倒。在资本主义市场交换中,货币"从它表现为单纯流通手段这样一种奴仆身份,一跃而成为商品世界的统治者和上帝",似乎成了一种"先验的权力","一种先验地形成地观念的实现",而个人则完全受制于这种抽象观念。"人们信赖的是物(货币),而不是作为人的自身",并且"人的产品或活动必须先转化为交换价值的形式,转化为货币,才能通过这种物的形式取得和表明自己的权

---

① 《马克思恩格斯全集》第46卷(上),人民出版社1979年版,第90页。
② 《马克思恩格斯全集》第46卷(上),人民出版社1979年版,第91页。
③ 《马克思恩格斯全集》第46卷(上),人民出版社1979年版,第103页。

力"。① 货币赋予个人对社会、享乐和劳动等等世界的普遍支配权。货币的拥有使一个人能从别人那里取得商品的"社会的抵押品",由于每个人让他们自己的社会关系作为物同他们自己相异化,所以货币拥有了社会的属性。这样,"在货币(交换价值)上,个人的物化不是在其自然规定性上的物化,而是个人在一种社会规定(关系)上的物化,同时这种规定对个人来说又是外在的"。② 货币以物的形式表现着经济活动中人与人的社会关系,所以马克思形象地说,生产者"他的衣袋里装着自己的社会权力和自己同社会的关系"③。

在后来的《政治经济学批判》中,马克思更精确地写道:"生产交换价值的劳动还有一个特征:人和人之间的社会关系可以说是颠倒地表现出来的,就是说,表现为物和物的社会关系……因此,如果交换价值是人和人之间的关系这种说法正确的话,那么必须补充说:它是隐蔽在物的外壳之下的关系。"④ 所谓物的关系,是指物——商品、货币对于生产者来说是一种与自身相异化的、对立的关系。

需要注意的问题是,与《1844年经济学哲学手稿》等青年马克思人本主义货币异化逻辑不同。马克思这里所讲的物化、异化和颠倒不再是一种抽象的主观价值判断,而是客观的历史性研究。这表现在货币所表现的人的关系的物化与颠倒,相对于过去第一大社会形态中的那种人对人的直接关系,是历史的进步。因为"在货币关系中,在发达的交换制度中……人的依赖关系、血缘差别、教育差别等等事实上都被打破了,被粉碎了",这种通过货币建立起来的普遍性联系与交换可以"超越一切宗教、政治、民族和语言的限制,他们的共同语言是价格,他们的共性是货币"⑤。货币本身是世界主义的。货币消解了以地域和超经济力量形成的经济体系,冲破了用特权和血缘等伦理观念粘合起来的传统社会,使人们摆脱了地域、血缘、宗法关系的束缚,在市场经济中与他人进行

---

① 《马克思恩格斯全集》第46卷(上),人民出版社1979年版,第105页。
② 《马克思恩格斯全集》第46卷(上),人民出版社1979年版,第176页。
③ 《马克思恩格斯全集》第46卷(上),人民出版社1979年版,第103页。
④ 《马克思恩格斯全集》第13卷,人民出版社1962年版,第22页。
⑤ 《马克思恩格斯全集》第13卷,人民出版社1962年版,第110页。

自由地交往。因此,货币在一定程度上解放了人性,使人们在社会交往中获得了自主性、独立性和能动性。这是货币为人的解放和发展带来的巨大历史进步。因此马克思说:"毫无疑问,这种物的联系比单个人之间没有联系要好,或者比只是以自然血缘关系和统治从属关系为基础的地方性联系要好。"① 而且正是这种物化和颠倒的关系,才可能创造出在更高阶段上"全面发展的个人":"不是自然的产物,而是历史的产物。要使这种个性成为可能,能力的发展就要达到一定的程度和全面性,这正是以建立在交换价值基础上的生产为前提的,这种生产才在产生出个人同自己和同别人相异化的普遍性的同时,也产生出个人关系和个人能力的普遍性和全面性。"② 可以看出,此时马克思是站在历史唯物主义的视角分析和批判货币的,这种科学的、辩证的认识与《1844年经济学哲学手稿》中的伦理价值批判有很大的异质性。

在《资本论》中,马克思将这种对资本主义社会中货币物化的历史唯物主义的批判上升为对货币拜物教的批判。马克思认为,货币是一切商品的价值体现,在商品交换日益发展的社会里,作为商品交换的媒介被赋予了尤为神秘的吸引力。货币成为社会财富的直接化身,能够购买一切商品,似乎一从地下出来,就具有神奇的魔力。因此,人们误以为货币就是纯粹的价值,特别是金属货币直接成了价值(社会关系)的化身。马克思辨识出这是一种假象,"当一般等价物专门同一种特殊商品结合在一起,即结晶为货币形式的时候,这种假象就完全确立起来了",因为"正是商品世界的这个完成的形式——货币形式,用物的形式掩盖了私人劳动的社会性质以及私人劳动者的社会关系,而不是把他们揭示出来"③。货币本身表征着凝结在商品中的抽象人类劳动,它的本质就是人们通过劳动交换所发生的社会联系。货币形式在人们面前把人们本身劳动的社会性质反映成劳动产品本身的物的性质,反映成这些物的天然的社会属性,从而把生产者同总劳动的社会关系反映成存在于生产者之外的物与物之间的关

---

① 《马克思恩格斯全集》第13卷,人民出版社1962年版,第108页。
② 《马克思恩格斯全集》第13卷,人民出版社1962年版,第108、109页。
③ 马克思:《资本论》第1卷,人民出版社2004年版,第92页。

系。这就是货币的拜物教性质。因此马克思说:"货币拜物教的谜就是商品拜物教的谜,只不过变得显著,迷惑着人们的眼睛。"① 面对这种现象,马克思认为自己的政治经济学的任务就是"指出这个货币形态的发生过程,研究商品价值关系中包含的价值表现,怎样从最简单最不引人注意的形式,发展到迷人视觉的货币形态"②。整部《资本论》就科学地说明了资本主义经济现象中的这种颠倒是如何形成的,揭露了资本主义生产方式中颠倒的社会关系,并最终揭露了资本主义经济剥削的秘密,从而完成了马克思的两个伟大发现。

纵观马克思货币批判的逻辑思路,我们发现马克思的思想呈现一种螺旋式上升的图景。在他早期的《论犹太人问题》和《1844年经济学哲学手稿》等著作中,对货币异化的批判是人本主义的价值悬设,那里构成的是理想本质与现实存在的矛盾。货币异化是一种逻辑思辨反思,是在观念中设定的。此时又由于他开始政治经济学研究,在货币异化的人本主义的批判逻辑中又开始出现一种立足于现实经济生活和物质条件的对货币的客观的唯物主义批判,这是新的理论逻辑的生长点。随着政治经济学研究的深化,马克思日益从资本主义现实的生产方式的视角出发研究和批判货币。在《关于费尔巴哈的提纲》和《德意志意识形态》初步创立新世界观后,这一客观的唯物主义货币批判逐渐转化为历史唯物主义科学视角,并在《1857—1858年经济学手稿》和《资本论》对货币拜物教的批判中超越了人本主义货币批判逻辑,从而建构起完整、科学的货币理论框架。

(五) 马克思货币批判逻辑的现代意义

毫无疑问,正如恩格斯所言,马克思的货币思想确实是人类思想史上的"第一个详尽无遗的货币理论"。③ 这一理论包含着丰富的内容、意蕴和价值。马克思货币批判的理论逻辑对于我们今天从事马克思哲学的研究具有重要的方法论意义。首先,我们应该坚持用马克思的方法来解读马克思的文本与思想。

---

① 马克思:《资本论》第1卷,人民出版社2004年版,第71页。
② 马克思:《资本论》第1卷,人民出版社2004年版,第20页。
③ 《马克思恩格斯全集》第24卷,人民出版社1972年版,第22页。

也就是说，我们在确定马克思思想理论视界中的任何一个规定、概念、范畴，都应该坚持历史性的原则，不应该把马克思思想中一些处于历史变动中或特设的理论范畴标注为某种既成不变的普适性的抽象定律。马克思对货币的理解与批判，前后经历了不同的思想视角和理论逻辑，在连续性中也存在着差异与区别。其实马克思的其他理论范畴也是如此，例如劳动概念。马克思早期将劳动理解为人的本质力量对象化；在《关于费尔巴哈的提纲》中，马克思又从感性活动角度，从实践理解劳动；在《德意志意识形态》中，马克思开始从资本主义经济关系出发，将劳动理解为现实的个人的物质生产活动。马克思的思路从人本主义的劳动规定到实践，经过生产再上升为科学的劳动规定。因此，我们应该从历史的、动态的角度去分析和理解马克思的每一个思想范畴。其次，我们应该把马克思的政治经济学研究与哲学批判有机结合起来，从而完整、准确地再现马克思的思想逻辑。用著名学者张一兵的话说就是"从马克思经济学研究的深层语境中去重新探索他的哲学话语的转换"①。这是一种对马克思文本的新的解读模式。② 它突破了单纯从哲学或政治经济学角度研究马克思的传统诠释模式，深化了我们对马克思思想的理解。从马克思早期对货币的人本主义异化批判到对货币拜物教的历史唯物主义批判的转换，我们可以发现，政治经济学视域确实是马克思哲学世界观生成的基础。当马克思的政治经济学观点不成熟的时候，他是不可能达成真正的历史唯物主义世界观的。明确了这一点，对于我们正确认识马克思哲学思想的发展历程，以及正确评价马克思在特定历史时期的哲学思想都是非常重要的。

今天，货币在市场经济中的重要地位和巨大的社会功能，是马克思货币哲学思想与我们现实生活的契合点。因此马克思对货币异化、货币拜物教的批判具有深刻的现实意义。第一，现代急剧发展成熟的货币经济使得货币已经成为

---

① 张一兵：《回到马克思——经济学语境中的哲学话语》，江苏人民出版社1998年版，第3页。
② 张一兵：《回到马克思——经济学语境中的哲学话语》，江苏人民出版社1999年版；唐正东：《斯密到马克思——经济哲学方法的历史性诠释》，南京大学出版社2002年版；商德文：《马克思中青年时代德经济学哲学思想》，北京大学出版社2002年版。

现代社会生活的焦点。货币以其巨大的社会功能加速改变着现代人的生活方式，影响着现代人的精神状态。货币已经融入人的生活世界和人的生命之中，其在现代人的生命价值系统中的意义已经得到了空前的提升："货币对人与人关系中的内在维度的改变，锻造出人对世界理解趋向的物欲化和价值通约化的心理坐标。货币化生存世界直接影响和关联着人的世界观、人生观和价值观。它使得一种纯粹数量化的价值不断压倒品质的价值，从而追求生活意义的平等化、量化和客观化，把人生的消费和积累作为唯一至上的终极追求目标。"① 渴求全面发展的人也就蜕变成片面追逐货币的单面人。因此，如何摆正货币价值、社会价值与自我价值的位置，深刻认识和理解货币与人性、货币与人的价值、货币与人的自由等等关系，避免在追求金钱的过程中迷失自我，陷入货币拜物教的泥淖，就成为一个紧迫的现实问题。马克思对货币异化、货币拜物教的科学分析和价值批判有助于我们反思货币的手段与目的、真实性与虚假性、颠倒功能和吞噬功能，从而树立一种健康的、成熟的货币价值观。第二，货币在现代经济、政治和社会生活中的作用日益突出，市场经济从某种意义上说就是货币经济。市场经济又需要一定的伦理基础。破除市场万能、货币万能的迷信，从货币拜物教中解放出来，正确理解和把握货币的本质及其功能有助于我们建立社会主义市场经济的伦理体系，引导社会主义市场经济健康发展。货币是政治生活的"母乳"，在现代社会中，地位、权力结构、声誉威望等与货币的关系越来越紧密。货币经济的扩张，使得货币逐渐进入到它不该进入的社会公共权力的领域。公共权力的货币化带来了这些领域的腐败，其危害日趋严重。货币对政治生活产生巨大的颠覆性，因此，正确认清货币的本质，界定与矫正货币与公共权力的关系就成为遏制腐败的一项重要内容。显然，马克思对货币本质与功能的科学剖析有助于我们更正确地思考和解决这些现实问题。

对于马克思从货币异化到货币拜物教的科学分析和哲学批判，戈德利尔的评价是准确的："马克思之所以伟大，就在于他通过对商品、货币、资本等的分

---

① 张雄:《货币：一种哲学向度的思考》，载《哲学动态》，2003年第8期。

析,真实地再现了在资本主义生产方式中以颠倒的形式表现在人们日常生活中或观念上的各种事实,阐明了社会关系所带有的那种虚幻性。"① 因此,马克思的货币哲学思想仍然是我们这个时代精神的精华。

四、以整体性原则把握马克思货币理论的研究

加强马克思主义整体性研究,是当前马克思主义理论界关注的一个热点问题。学术界对马克思主义整体性的内涵以及研究的思路和方法进行了多角度、多层次的探讨,取得了较为丰硕的成果,有力推动了马克思主义基础理论研究和马克思主义学科建设。但是,如何在具体理论与实践问题的研究中体现和运用马克思主义整体性的思想原则与方法,从元理论的层面推进到方法论的层面,仍然是一个值得探讨的问题。本文以马克思的货币理论为例,在这个问题上提出一点思考。

(一)马克思货币理论的学科化与封闭化研究

长期以来,对马克思的货币理论的研究,如同对马克思的其他思想一样,处在"分类研究的学科化"与"学科话语封闭化"的状态中。所谓"分类研究的学科化",是指理论界为深化研究而采取的学科分工方式,将统一的马克思主义的各个组成部分(如马克思主义哲学、马克思主义政治经济学与科学社会主义等)分别建制为不同的学科,使分类研究转变为分门别类地学科研究和学科建设。这一现象在对马克思的货币理论研究中具体表现在两个方面:一方面是纯粹政治经济学的研究。正如《资本论》更多地被看作是一部单纯的政治经济学著作一样,我们对马克思的货币理论的研究也局限在政治经济学领域,重点关注的是货币的一般等价物属性、经济职能、流通规律、形态转化等等问题,而忽视了其背后的深刻的哲学内涵和深邃的社会历史意识。实际上,"马克思对货币的分析,不是纯粹经济学的框架,而是从历史哲学人性论方面进行批判与

---

① [日]栗本慎一郎:《经济人类学》,王名等译,商务印书馆1997年版,第23页。

解读。重点研究货币与人性、货币与人的自由、货币与人的交往、货币与社会进步的关系；以及货币的手段与目的、货币的真实性与虚假性、货币的能动性与杀伤性等矛盾问题"①。另一方面是纯粹哲学的研究。人们对马克思货币理论的哲学解读主要集中于马克思早期的货币异化与后来的货币拜物教理论，主要研究的是货币异化与资本主义社会中人的异化、社会关系的物化的关系问题。其根本问题在于忽视了马克思是在深入研究资本主义生产方式的过程中，在对货币的政治经济学的科学研究中，逐步深化了对货币的哲学理解，并且将对货币的哲学理解与对扬弃货币异化的未来社会理想结合起来，具有鲜明的人的解放的价值立场。

所谓"学科话语封闭化"，则是在学科建设和体系建构的推动下，各学科追求逻辑自洽、自成体系，进而产生自我划界、自设藩篱，彼此之间自说自话、各说各话，从而造成相互割裂、隔膜、森严的学科壁垒。对马克思的货币理论的上述两个方面的研究就基本上处于相互封闭、隔膜的状态。例如，关于货币作为一般等价物的"特殊性"与"一般性"的争论，② 基本上限于政治经济学范围，哲学界没有参与。而实际上，本质问题首先就是一个哲学问题。马克思对货币本质的看法并不仅仅停留在"物"的层面，而是提升到"社会关系"的哲学高度来认识的。另一方面，对马克思的"货币哲学"思想的讨论，主要在经济哲学界展开。③ 而马克思的货币哲学观念是在深厚的政治经济学理论底蕴中抽引出来的。因此我们需要"从马克思经济学研究的深层语境中去重新探索他的哲学话语的转换"④。

马克思货币理论研究中的"分类研究的学科化"与"学科话语封闭化"所造成的后果是"片面的深刻"或"深刻的片面"：或者只研究货币对经济的作用，不研究货币对社会、文化和人的作用；或者只单纯批判货币的异化效应，

---

① 张雄：《货币幻象：马克思的历史哲学解读》，载《中国社会科学》，2004年第4期。
② 张雄：《货币幻象：马克思的历史哲学解读》，载《中国社会科学》，2004年第4期；张建君：《质疑"超越货币本质'一般论'与'特殊论'的对立"》，载《探索与争鸣》，2007年第1期。
③ 张雄：《中国经济哲学评论·货币哲学专辑》，社会科学文献出版社2005年版。
④ 张一兵：《回到马克思》，江苏人民出版社2003年版，第3页。

而忽视货币在社会历史发展中所起到的积极作用。正如学者所言:"它们在深化某一方面研究的同时也在造就片面化的视域偏好,造成了对马克思思想统一整体的原初景象与本真意义的严重误解。马克思主义的发生、发展进程等统一性问题被各学科严格的话语切割、重写为互不贯通的单线叙事。"①

(二) 马克思货币理论的整体性研究路径

因此,对马克思的货币理论的研究必须突破相互割裂、相互封闭的学科化、碎片化的研究状态,从马克思主义的整体性与统一性视域出发,完整、深刻、系统地阐释其货币理论的本真意义。因为"马克思主义整体性是马克思主义理论研究及马克思主义理论学科建设的突出特征,也是加强马克思主义理论研究、加强马克思主义理论学科建设的生命线"②。从马克思主义的统一性、整体性出发来研究马克思的货币理论,其根本原则是对马克思各个时期、各个文本中的货币理论的解读都应当以马克思主义的总的对象(资本主义生产方式)、总的方法(历史唯物主义)与总的宗旨(实现人的自由与解放)的根本精神统摄自身,具体体现在六个方面。

第一,从马克思主义整体思想来源的角度研究货币理论。列宁精辟地指出古典政治经济学、空想社会主义与德国古典哲学是马克思主义的三大来源。马克思的货币理论同样是对这三大思想来源的扬弃和深化的产物。在马克思转向政治经济学研究之前,青年马克思的货币思想深受德国古典哲学影响,特别是赫斯的经济哲学。③ 随着政治经济学研究的深入,马克思认为古典政治经济学将货币作为一种财富的观点仅仅是看到了货币的一般等价物性质,而没有深入到货币背后所体现着的人与人的关系中去。同时,马克思一方面赞扬莫尔、欧文、魏特林等空想社会主义者对资本主义社会金钱崇拜的批判体现了对无产阶级命运的关注,另一方面也指出了他们由于没有认识到私有财产同劳动的关系,即

---

① 任平:《论马克思主义研究视域的统一性》,载《马克思主义研究》,2007年第7期。
② 张雷声:《马克思主义整体性的三个层次》,载《思想理论教育导刊》,2008年第2期。
③ 侯才:《青年黑格尔派与马克思早期思想的发展》,中国社会科学出版社1994年版,第152页。

货币的异化性根源于劳动的异化性,因而由此提出的解决社会问题的方法,如平均分配财产、废除货币、实行劳动券等,必然是空想的道路。

第二,从马克思主义理论体系内部的哲学、政治经济学与社会历史批判相统一的角度出发研究货币理论。马克思主义的整体性首先是其体系内容的完整性。对马克思货币理论的整体性研究就必须将马克思对货币异化的哲学批判、货币与资本的政治经济学分析与扬弃货币的社会理想结合起来。马克思本身对货币问题的研究就体现着整体性。马克思的唯物史观强调要从具体的、历史的、现实的社会物质生产活动,特别是要从资本主义总体生产方式来理解货币的本质与职能,将货币纳入商品、劳动、剩余价值及资本的相互关系中。在此过程中,马克思深刻揭示和批判了货币拜物教的内在本质及资本主义社会关系的物化现实,并且以对货币的政治经济学研究成果为基础,多次批判普鲁东主义者的取消货币、实行劳动券等货币思想的空想性,正确地指出了货币的消亡、异化的扬弃是一个历史过程,"是以生产力的巨大增长和高度发展为前提的……随着基础、即私有制的消灭,随着对生产实行共产主义的调节(这种调节消灭人们对于自己产品的异化关系),供求关系的统治也将消失,人们将使交换、生产及其相互关系的方式重新受自己的支配。"① 因此,马克思的哲学、政治经济学与科学社会主义的内在统一贯穿着马克思的货币理论。

第三,从马克思在各个历史时期理论活动和实践活动的整体性、统一性来研究马克思的货币理论。事实上,从青年马克思开始哲学研究到他思想成熟时期的《资本论》,货币一直是马克思研究的一个重要问题。在他早期的《论犹太人问题》和《1844年经济学哲学手稿》等著作中,对货币异化的批判是人本主义的价值悬设,那里构成的是理想本质与现实存在的矛盾。同时他又强调他的研究结论"是通过完全经验的、以对国民经济学进行认真的批判研究为基础的分析得出的"②。在货币异化的人本主义的批判逻辑中又开始出现一种立足于现实经济生活和物质条件的对货币的客观的唯物主义批判,这是新的理论逻辑的

---

① 《马克思恩格斯选集》第1卷,人民出版社1995年版,第20页。
② 马克思:《1844年经济学哲学手稿》,人民出版社2000年版,第3页。

生长点。随着政治经济学研究的深化，马克思日益从资本主义现实的生产方式的视角出发研究和批判货币。例如在《神圣家族》中马克思指出，要消灭私有财产的完全表现形式的货币，必须遵循客观的经济逻辑："财产、资本、金钱、雇佣劳动以及诸如此类的东西远不是想象中的幻影，而是工人自我异化的十分实际、十分具体的产物，因此也必须用实际的和具体的方式来消灭它们。"① 在《关于费尔巴哈的提纲》和《德意志意识形态》中初步创立新世界观后，马克思对货币问题的研究逐渐转化为历史唯物主义科学视角，并在《1857—1858年经济学手稿》和《资本论》对货币与资本关系的政治经济学分析与对货币拜物教的批判中超越了人本主义货币批判逻辑，从而建构起完整、科学的货币理论框架。

第四，从马克思基本著作的内在整体性、统一性来研究马克思的货币理论。从马克思主义经典著作的全部内容看，马克思主义是严谨而完整的理论体系。同样，马克思研究货币问题的重要文本都不是纯粹的哲学著作或经济学著作，而是融汇着马克思的哲学世界观、政治经济学批判与科学社会主义的理想信念。马克思在《1844年经济学哲学手稿》中以现代资本主义社会与异化劳动为基点，提出了一个关于货币与人的异化及其解放的关系的经典论述。这一经典论述深刻地揭示了在资本主义私有制下，人的本质、价值、感觉、需要及其异化是如何在货币异化中得到表现的，以及人的解放又是如何通过货币异化的扬弃得以实现的。而在《1857—1858年经济学手稿》与《资本论》等马克思"一生黄金时代的研究成果中"，马克思在劳动价值论的基础上，深入研究了货币的起源、本质、职能、货币向资本的转化、货币作为生息资本以及转化为虚拟资本、货币在经济运行中的作用、货币金融危机的影响等问题。在此过程中，马克思深刻指出了货币存在的前提是社会联系的物化，货币以物的形式表现着经济活动中人与人的社会关系。马克思这里所讲的物化、异化和颠倒不再是一种抽象的主观价值判断，而是客观的辩证的历史性研究。因为正是这种物化和颠倒的

---

① 《马克思恩格斯全集》第2卷，人民出版社1957年版，第66页。

关系,"正是以建立在交换价值基础上的生产为前提",才可能创造出在更高阶段上"全面发展的个人"①。

第五,从马克思主义研究方法的整体性来研究马克思的货币理论。从对马克思主义理论的学科性研究转向整体性研究,必须有研究方法、研究范式的转变。马克思主义研究方法的整体性要求具体体现为一种总体性的思维原则和方法。马克思是在作为总体存在的资本主义生产方式中来考察货币现象的。在研究货币问题的过程中,马克思明确说明,他"是从一定的社会经济时期出发",从一定的社会生产关系出发,因为"每一个社会中的生产关系都形成一个统一的整体,是历史地了解社会关系的方法论的出发点和钥匙"②。这一"统一的整体"即是具有"最发达的和最多样的历史的生产组织"的资本主义社会。马克思正是通过对现实的资本主义社会中商品、价值形式、劳动二重性、资本的分析,才揭示了货币的一般等价物属性、职能及其运行流通规律;正是通过对资本主义社会的生产、分配、交换、消费关系的全面分析,才深刻揭示了现实货币所表现的社会关系的真实现状;也正是通过对现实生产力发展水平和经济关系的不断追问和反思,才能找到扬弃货币异化的有效路径。也正是在这个意义上,马克思将社会生产力迅猛发展,以商品经济为主导经济形态,以交换价值为基础的资本主义社会称之为"货币共同体"③。

第六,从马克思主义理论与实践的统一研究马克思的货币理论。理论与实践的统一是马克思主义的基本原则,是马克思主义整体性的内在机理和科学要求。作为整体的马克思主义的货币理论内在地要求社会实践运动的印证。从逻辑上讲,马克思货币理论有两层实践意义。一是当代社会发展的实践。全球化是当代社会发展最显著的特征,而金融全球化则是其核心。马克思的货币理论则是揭示金融全球化本质的一把思想钥匙,特别是马克思货币理论中对金融、银行、信贷、虚拟资本问题的讨论对于透视种种货币问题以及金融危机具有重

---

① 《马克思恩格斯全集》第30卷,人民出版社1995年版,第44-47页,第112页。
② 《马克思恩格斯全集》第4卷,人民出版社1958年版,第114页。
③ 《马克思恩格斯全集》第30卷,人民出版社1995年版,第44-47页,第175页。

要的方法论意义。因此，必须结合目前金融全球化的发展态势来重新理解和评价马克思的货币理论，确立其当代实践意义。二是现实社会主义运动的实践。自从科学社会主义由理论形态转变为现实形态以来，对商品、货币、资本的本质的认识和理解是关系到社会主义国家的社会发展模式、经济管理体制、文化意识形态建设的一个重大现实问题。特别是在中国特色社会主义市场经济迅速发展的今天，货币的社会功能正在凸显，并深刻地改变着当代中国社会发展的历史进程。当代中国人需要一种成熟的、健康的和适时的货币社会观、价值观和文化观，这恰恰需要在马克思货币理论的基础上，能够更加深刻认识货币在社会发展、文化建设和人的生活中地位和作用，全面地把握货币的社会属性和精神功能。

(三) 马克思货币理论的整体性研究的当代意义

马克思主义作为揭示人类社会发展及其规律的学说，作为指导无产阶级和人类解放的学说，正是因为其理论体系的整体性，才真正体现出它的科学性和生命力。因此，整体性是我们研究和阐释马克思主义理论的根本原则与方法，对马克思主义中的重要理论与实践问题的研究与分析都必须贯彻这一根本原则与方法。同样，作为人类思想史上的"第一个详尽无遗的货币理论"，[①] 对马克思的货币理论的研究也必须从整体性出发，任何片面性和肢解性的解读无疑都不能真正理解和把握马克思货币理论的精神实质。从方法论上来看，这种整体性的思考，要求我们把马克思的货币理论放到历史语境中来把握其思想来源的整体性；要求我们把马克思的货币理论当成特定内容与具体形式内在统一的有机整体，来把握其整体的内容结构；要求我们把马克思的货币理论放到马克思自身思想发展的脉络进程中，来把握其整体的思想动态；要求我们把马克思研究货币问题的重要文本当成一个整体，来把握其哲学批判、经济学分析与理想信念的统一；要求我们把马克思的货币理论置于总体的资本主义社会中进行考察，来把握其总体性方法；要求我们把马克思的货币理论放到社会发展实践与

[①] 《马克思恩格斯全集》第 24 卷，人民出版社 1972 年版，第 22 页。

思想学说多样化的客观背景中,来把握其理论与实践的统一。总而言之,从思想来源、内容体系、发展脉络、文本结构、研究方法、实践要求出发,多层次、多角度、全方位地研究马克思的货币理论,有助于我们把握和领会马克思主义整体性的精髓。

五、赫斯、马克思、西美尔:货币化生活世界批判的三种路径

随着资本主义生产和商品交换的巨大发展,作为一种普遍交换的媒介,货币以不可抗拒的力量改造着现代社会经济生活,塑造着现代人的精神世界,支配着现代文化的发展方向。因此,澄清货币在现代社会中的基本功能、人性意义和文化效应,对其进行自觉的社会批判和伦理反思,并由此把握货币与整个社会生活世界的关系,成为近代以来众多思想家关注的一个重大理论主题。其中以赫斯、马克思、西美尔对货币的反思与批判影响最为深远,同时也代表了货币批判的三种不同的路径。

(一)赫斯(M. Hess,1812—1875):类哲学的货币批判

赫斯的货币批判是他通过吸取和运用费尔巴哈的宗教异化思想在经济和社会生活方面取得的成果。在《论货币的本质》的开篇,赫斯首先从人的本质出发,认为生命是人的重要的本质规定,但生命只有置于交换活动,才能获得真正的内在本质,"生命是生产性的生命活动的交换","他们的现实生活只是在于他们的生产性的生命活动的相互交换,只是在于共同活动"[①]。但是在资本主义现实经济生活中,人的类本质却异化了。这是因为资本主义私有制将人确认为单个的人、孤立的人、抽象的人,"把人与人彼此之间的独立性、分离和孤立宣布为生活和自由的本质,证明孤立的人就是自由的、真正的、自然的人,也就

---

① [德]赫斯:《论货币的本质》,见《国际共运史研究资料》第7辑,刘晔星译,人民出版社1982年版,第179页。

是确认了实践的利己主义。"① 这样，人们不再能够相互直接的、真实的交往。人们必须外化自己的类本质及自己的生活能力，以便维持自己的生存。人的精神异化的本质是基督教的上帝，而实践的异化了的本质就是货币："上帝对理论生活所起的作用，同货币对颠倒的世界的实践生活所起的作用是一样的：人的外化了的能力，人的被出卖了的生命活动。"② 由此，赫斯明确界定了货币的本质是彼此异化的人、外化的人的产物。

在界定了货币的本质之后，赫斯接着揭示了货币异化的种种现象。货币成为衡量人的价值尺度。本来根据政治经济学的原理，货币应该是一般的交换手段和中介，但是在这个现代的小商贩世界的实践中，货币成为目的和价值标准，成为用数量来表示的人的价值。而人实际上只是根据他的钱袋来加以评价："每个人的价值就恰好等于他所拥有的现金或占有的货币价值——正如彻底的神学只能根据人的信奉正教的程度来评价人，彻底的经济学只能根据人的钱袋的重量来评价人"。③

货币使得人以动物的方式享有自己的生命，使人的世界变成动物的世界。赫斯认为，在资本主义社会的现实生活中，人是通过货币以残忍的、动物式的、食人的方式享有自己的生命本质的："因为我们花费的、我们劳动挣得的货币，就是我们自己的血肉，这种血肉在其外化中必定被我们所挣得夺得并吃掉。我们大家都是食人者、猛兽、吸血鬼。"④ 也由此，赫斯将资本主义经济社会称之为社会动物世界。他说："我们现在正处在社会动物世界的顶点，最高点；因此，我们现在是社会的猛兽，完成了的、有意识的利己主义者。"⑤

---

① ［德］赫斯：《论货币的本质》，见《国际共运史研究资料》第 7 辑，刘晖星译，人民出版社 1982 年版，第 193 页。

② ［德］赫斯：《论货币的本质》，见《国际共运史研究资料》第 7 辑，刘晖星译，人民出版社 1982 年版，第 186 页。

③ ［德］赫斯：《论货币的本质》，见《国际共运史研究资料》第 7 辑，刘晖星译，人民出版社 1982 年版，第 187、188 页。

④ ［德］赫斯：《论货币的本质》，见《国际共运史研究资料》第 7 辑，刘晖星译，人民出版社 1982 年版，第 187 页。

⑤ ［德］赫斯：《论货币的本质》，见《国际共运史研究资料》第 7 辑，刘晖星译，人民出版社 1982 年版，第 202 页。

赫斯的类哲学的货币批判的主要特点就是认为作为主体的人在其发展过程中，由于自己的活动而外化出自己的对立面——货币，把自己的本质力量给予它；这种对立面（货币）作为一种外在的、异己的力量转过来反对、愚弄、支配、统治主体本身；主体的人成为它的奴隶。这是一种人本主义异化史观的逻辑。赫斯这一立足于类本质异化逻辑的货币批判在青年马克思那里得到了积极的回应。① 在《论犹太人问题》《1844 年经济学哲学手稿》等早期著作中，马克思也是从类本质角度对货币展开批判的。②

（二）马克思：政治经济学的货币批判

随着马克思政治经济学研究的深入，他逐渐认识到费尔巴哈、赫斯所说的人、人的类本质等概念，都是脱离社会现实条件的抽象概念。把这些抽象概念，同作为人的本质的劳动和作为财富的一般形式的货币联系起来，确认货币的本质是外化的、异化的人的类本质，这无疑也是脱离社会现实条件的人本主义的抽象观点。

在《1857—1858 年经济学手稿》中，马克思从历史唯物主义视角出发对货币的起源及其本质做出正确理解。马克思指出，货币存在的前提是社会联系的物化，货币是产品的商品形式发展的必然结果。

在《资本论》中，马克思将这一对资本主义社会中货币物化的历史唯物主义批判上升为对货币拜物教的批判。马克思认为，在商品交换日益发展的社会里，作为商品交换媒介的货币存在一种假象："正是商品世界的这个完成的形式——货币形式，用物的形式掩盖了私人劳动的社会性质以及私人劳动者的社会关系，而不是把他们揭示出来。"③ 货币本身表征着凝结在商品中的抽象人类劳动，它的本质就是人们通过劳动交换所发生的社会联系。货币形式在人们面前把人们本身劳动的社会性质反映成劳动产品本身的物的性质，反映成这些物

---

① 戴·麦克莱伦：《青年黑格尔派与马克思》，陈启伟译，商务印书馆 1982 年版。
② 欧阳彬：《货币的人学向度——论〈1844 年经济学哲学手稿〉的货币哲学》，载《哈尔滨学院学报》，2005 年第 3 期。
③ 马克思：《资本论》第 1 卷，人民出版社 2004 年版，第 92 页。

的天然的社会属性,从而把生产者同总劳动的社会关系反映成存在于生产者之外的物与物之间的关系。这就是货币的拜物教性质。因此马克思说:"货币拜物教的谜就是商品拜物教的谜,只不过变得显著,迷惑着人们的眼睛。"①

(三) 西美尔:文化社会学的货币批判

马克思的思想对西美尔的影响是显而易见的:西美尔的名著《货币哲学》被视为是对马克思的《资本论》"最重要的补充"②。西美尔本人也在《货币哲学》的开篇明确承认,他的《货币哲学》是与马克思对话,"即为历史唯物主义建造底楼"③。实际上,西美尔在《货币哲学》中所做的就是将马克思对货币的政治经济学批判扩展到人们的日常社会生活与精神世界,着重研究货币的社会、文化、心理效应:"试图从诸种价值感、从与事物相对峙的实践、从人的相互关系作为其前提,去发展货币的历史现象、货币的观念与结构,考察这些现象和观念与结构对内在世界的影响:对个体的生命情感、对个体命运的链接、对一般文化的影响。"④

在 1896 年撰写的《现代文化中的金钱》中,西美尔认为货币经济"同时支撑着两个不同的方向,他一方面使一种非常一般性的、到处都同等有效的利益媒介、联系媒介和理解手段成为可能,另一方面又能够为个体留有最大限度地余地,使个体化和自由成为可能"⑤。换句话说,西美尔想要探讨的货币的社会、文化、精神效应包括两个方面的内容:一是货币经济引发的社会文化的平均化、量化和客观化倾向;一是货币使之可能的现代社会保存个体自由和内心独立的潮流。

西美尔察觉到,现代货币经济的特点是货币交换在社会生活中的普遍和深入,随之创造价值的货币作为衡量社会经济价值乃至个体价值的标准,以客观

---

① 马克思:《资本论》第1卷,人民出版社2004年版,第71页。
② [英] 弗雷斯庇:《论西美尔的<货币哲学>》,见 [德] 西美尔:《金钱、性别、现代生活风格》,顾仁明译,学林出版社2000,第210页。
③ [德] 西美尔:《货币哲学》,陈戎女译,华夏出版社2002年版,第3页。
④ [德] 西美尔:《货币哲学》,陈戎女译,华夏出版社2002年版,第2页。
⑤ [德] 西美尔:《金钱、性别、现代生活风格》,顾仁明译,学林出版社2000年版,第6页。

化、量化和平均化的导向渗透经济、文化和精神生活："在历史心理领域内，货币通过它特有的本性成为整个现代科学中一种认知倾向最完美的载体，即：它把质的规定性简化为量的规定性。"① 货币成为一切价值的公分母，将所有不可计算的价值和特性化为可计算的量，它平均化了所有性质迥异的事物，质的差别不复存在。身处在这种完全以金钱价值为价值的文化中，人们忘却了其他价值的存在："我们的时代已经完全陷入这样一种精神状态……一种纯粹数量的价值，对纯粹计算多少的兴趣正在压倒品质的价值，尽管最终只有后者才能满足我们的需要。"②

不仅如此，西美尔还进一步讨论了这一现代文化发展趋势对于个体生命存在的意义与价值。西美尔认为，在现代货币经济主导的社会世界中，个体精神质态中以上帝为中心的神性——形而上的品质逐渐消退，而以货币为象征的工商——理性算计特性取而代之。当货币成为个体精神世界和生活感觉的中心时，必然造成个体终极意义的失落和生命感觉的萎缩："货币经济最终让货币价值作为唯一有效的价值出现，人们越来越迅速地同事物中那些经济上无法表达的特别意义擦肩而过。对此的报应似乎就是产生了那些沉闷的、十分现代的感受：生活的核心和意义总是一再从我们手边滑落；我们越来越少获得确定无疑的满足，所有的操劳最终毫无价值可言。"③ 因此，货币经济生活中生存感觉的变化，才是西美尔的货币批判的最终落脚点。

由此可见，西美尔的货币批判的视角是独特的："它不仅从社会学角度关注货币经济对社会及文化生活产生的作用，而且显示出建立一套文化哲学、乃至生命形而上学的努力。"④

（四）共性与差异：货币化生活世界批判的现实意义

从上述分析可以看出，赫斯、马克思、西美尔对货币的分析与批判既有共

---

① ［德］西美尔：《货币哲学》，陈戎女译，华夏出版社2002年版，第205页。
② ［德］西美尔：《金钱、性别、现代生活风格》，顾仁明译，学林出版社2000年版，第8页。
③ ［德］西美尔：《金钱、性别、现代生活风格》，顾仁明译，学林出版社2000年版，第8页。
④ ［英］弗雷斯庇：《论西美尔的＜货币哲学＞》，见［德］西美尔：《金钱、性别、现代生活风格》，顾仁明译，学林出版社2000年版，第200页。

性又有差异性。就三者思想的传承和互相影响看,他们的共同焦点是对货币在现代社会中的巨大功能、作用和效应的分析。这一分析告诉我们:货币不仅仅是一个经济现象,而且是一个重要的社会现象、文化现象和精神现象,是从宏观上和微观上理解把握整个现代社会生活世界的钥匙。

就三者各自的理论基础和时代背景看,他们的分析视角又各具特色。如前所述,赫斯及青年马克思的类哲学的货币批判是一种人本主义的异化逻辑,其背后的价值尺度是浪漫主义强调人的完整性、完善性、全面性与自由个性的思想。① 例如,赫斯认为,消灭货币异化才能实现人的真正的本质与价值:"到那时,真正的、不可估量的人的价值将取代用数量估价的人的价值——人的能力的充分发挥和生活享受的高度满足将取代高利贷利息的暴涨。"② 在那样的社会中,"人的本性在所有的人身上都得到发展,而每个人又都发挥自己的全部能力"③。

马克思的政治经济学的货币批判是一种历史唯物主义的科学逻辑。他深入到资本主义经济运行机制的内部,从资本主义生产方式出发,将哲学的批判理性与现实的经济学的实证研究有机结合,深刻揭示了货币拜物教所体现的资本主义社会人与人关系的物化与颠倒。对此,戈德利尔的评价是准确的:"马克思之所以伟大,就在于他通过对商品、货币、资本等的分析,真实地再现了在资本主义生产方式中以颠倒的形式表现在人们日常生活中或观念上的各种事实,阐明了社会关系所带有的那种虚幻性。"④

分析货币的社会经济运行机制不是西美尔货币理论的重点,货币及其制度化的现代发展对文化生活的影响,尤其是对人的内在生活、精神品格的影响才是西美尔货币哲学的要旨所在。因此西美尔的文化社会学的货币批判实际上属

---

① 韩震:《论德国浪漫主义者对人的理解》,载《山西师大学报》,2001年第2期。
② [德]赫斯:《论货币的本质》,见《国际共运史研究资料》第7辑,刘晔星译,人民出版社1982年版,第213页。
③ [德]赫斯:《论货币的本质》,见《国际共运史研究资料》第7辑,刘晔星译,人民出版社1982年版,第211页。
④ [日]栗本慎一郎:《经济人类学》,王名等译,商务印书馆1997年版,第23页。

于一种现代性的文化批判与反思。西美尔研究专家弗里斯比认为:"在西美尔那里,对成熟货币经济后果的思考,代表了他的现代性分析的核心。"①

这三种货币批判的路径实际上体现着以货币为普遍交换媒介的资本主义市场经济发展的现实历史进程。赫斯的浪漫主义的类哲学的货币批判针对的是德国资本主义兴起初期,货币对传统社会关系和人性的冲击和破坏,反映了一部分知识分子的怀旧情绪。马克思的历史唯物主义的政治经济学货币批判,针对的是自由竞争资本主义出现的社会关系的物化和颠倒现象这一新问题。马克思对货币拜物教的批判是在货币批判和反思中影响最大的。二战以后,随着资本主义的全球扩张和文化工业的发达,以资本对社会生活世界的殖民为核心的现代性文化批判成为社会批判理论的重要内容,西美尔的文化社会学的货币批判无疑具有了现实意义。

今天,货币在中国的市场经济建设和社会发展中具有重要地位,发挥着巨大的社会功能。在这种背景下,直面货币对生活世界的深度介入,从多维视角来解析、批判货币对生活世界的改写,积极回应货币经济对全部社会生活的冲击,都成为直接关系着我们的命运、生活品质等一系列课题的关键所在。而就与西方货币化生活世界批判的三种基本形式的关系而言,当代中国的货币哲学研究应该扬弃浪漫主义的类哲学的货币批判,深化历史唯物主义的政治经济学的货币批判,加强现代性的文化社会学的货币批判。

六、现代社会中的货币:马克思与当代社会理论的对话

对于货币问题,马克思曾经援引格莱斯顿在 1845 年对英国议员们的警告,"因恋爱而受愚弄的人,甚至还没有因钻研货币本质而受愚弄的人多"②,以此表明货币研究中存在的极大困难与风险。但是这似乎并没有阻碍伟大的社会理论家们对货币问题的一以贯之的热情。继马克思之后,帕森斯、吉登斯、科尔

---

① [英]弗里斯比:《现代性的碎片》,周宪、许钧编译,商务印书馆 2003 年版,第 114 页。
② 《马克思恩格斯全集》第 31 卷,人民出版社 1998 年版,第 458 页。

曼等现代社会理论家都将货币作为他们分析现代社会结构的重要参照系。这表明任何一种宏大社会理论的建构都离不开对货币问题的讨论。因此，现代社会中的货币问题，也成为马克思与当代社会理论对话的一个焦点。

(一) 马克思的货币理论

从青年马克思开始哲学研究到他思想成熟时期的《资本论》，货币一直是马克思资本主义社会批判的一个重要问题。在《论犹太人问题》《1844年经济学哲学手稿》等早期著作中，马克思从人本主义异化逻辑出发，深刻批判了货币带来的现代人的异化。随着政治经济学研究的深入，马克思逐渐认识到，把货币的本质看作是外化的、异化的人的类本质，无疑是一种脱离社会现实条件的人本主义的抽象观点。因此，马克思对货币的研究视角也相应地发生了明显的变换：他日益从资本主义社会的物质条件和客观经济关系去研究和批判货币问题。在《1857—1858年经济学手稿》中，马克思指出货币存在的前提是社会联系的物化。货币以物的形式表现着经济活动中人与人的社会关系。马克思形象地说，生产者"他的衣袋里装着自己的社会权力和自己同社会的关系"①。在《资本论》中，马克思将这一对资本主义社会中货币物化的历史唯物主义批判上升为对货币拜物教的批判。货币本身表征着凝结在商品中的抽象人类劳动，它的本质就是人们通过劳动交换所发生的社会联系。货币形式在人们面前把人们本身劳动的社会性质反映成劳动产品本身的物的性质，反映成这些物的天然的社会属性，从而把生产者同总劳动的社会关系反映成存在于生产者之外的物与物之间的关系。这就是货币的拜物教性质。

显而易见，马克思货币理论的核心就在于：对资本主义社会经济结构的剖析，揭示了货币所蕴涵的人的对象化劳动的意义、性质以及人与人的社会关系的物化现实。其主要理论特色在于：在逻辑思路上，从将货币视为人的本质的异化的人本主义异化逻辑，到从资本主义现实经济关系中分析货币的客观唯物主义逻辑，再到从资本主义生产方式中研究货币的历史唯物主义的科学视角，

---

① 《马克思恩格斯全集》第30卷，人民出版社1995年版，第103页。

马克思的货币理论经历了一个螺旋形的上升过程;在理论内容上,作为人类思想史上的"第一个详尽无遗的货币理论"①,马克思的货币研究贯彻了他的形而上学批判、资本逻辑、社会批判理论三大思想主题;在方法论上,马克思的货币研究既扬弃了伦理价值批判和经验实证方法的局限,也扬弃了抽象思辨方法的局限,真正在实践基础上实现了"是"与"应该"的统一,哲学批判与社会科学分析的统一;在学科视野上,马克思货币研究始终融汇着哲学、历史学、人类学、经济学等许多科学理论与方法,实现了哲学、政治经济学、科学社会主义的统一。

(二) 当代社会理论中的货币研究

如果说货币在马克思所处的时代还只是在少数资本主义社会显现着强大力量的话,那么在货币与资本全球流动的今天,急剧发展成熟的货币经济使得货币已经成为现代社会生活的焦点。每一个社会的发展、文化的建构和个体的生存都与货币息息相关。正是在这样的时代境遇下,当代社会理论家们开始从新的理论视角探讨当代社会中的货币问题。

1. 帕森斯:货币与社会的 AGIL 功能模式

在帕森斯看来,货币是一种"符号性的普遍化的沟通媒介",本质上"是一个符号现象……所以它的分析需要的参照框架接近于语言而不是技术"②。货币是一种符号,因为它代表或象征着价值。但是问题在于,如果说货币自身没有价值,为什么理性经济人要接受它去交换有价值物品呢?帕森斯认为,货币本身价值的缺乏可以被另外一个事实所补偿,即"在交易者参与总体交易系统中,货币能够给予交易者四种程度的自由":自由购买任何物品;自由选择购买对象;自由选择购买时间;自由接受或是拒绝购买条件。在界定了货币的本质之后,帕森斯讨论了货币的社会功能。帕森斯对货币功能的讨论是与他的社会系统理论密切相关的。受新古典经济学的影响,帕森斯认为货币作为购买物品和

---

① 《马克思恩格斯全集》第 24 卷,人民出版社 1972 年版,第 22 页。
② Parsons. T, "On the Concept of Political Power", in Parsons, T (ed). *Sociological Theory and Modern Society*, Cambridge: Cambridge University Press, 1967, p. 345.

服务的一般化的媒介,在生产和交换中起着媒介作用。所以,货币是维持帕森斯的适应(adaptation)、目标达成(goal attainment)、整合(integration)、模式维持(pattern maintenance),即 AGIL 功能模式运行的重要因素。例如,在作为适应功能(A)的经济组织与作为模式维持的家庭活动(L)之间的互动交换过程中,公司和企业出售物品和服务,个人消费者则以工资作为货币支付。货币作为价值尺度和交换手段,调节交易过程,满足了两个系统各自的目标,从而维持系统平衡,"货币是一种规范性的媒介,通过它的流通,维持了系统的稳定性"[①]。

2. 科尔曼:货币与社会理性行动

货币在科尔曼的理性行动理论中也占据着一席之地。科尔曼认为,在社会中,基于效益最大化的理性行动者相互作用,共同构成了社会关系和社会结构,例如交换关系、权威关系、信任关系等等。货币在建构社会交换关系和信任关系中都扮演了重要角色。例如以国定货币为媒介的交换关系覆盖了一个国家领土范围内的所有的经济活动。而在现代通信技术手段的辅助下,以电子货币为媒介的交换关系则覆盖了全球经济活动。货币交换阶段的变化同时也是社会信任结构的变化。对信用货币与纸币,人们信任的是第三方的保证:法律、中央银行与国家,"参与交易的任何一方都以信任与交易无关的第三方,取代了信任交易对象。今天的商业票据、债券和政府公债,都是这类性质的货币;而纸币本身就是一种付款承诺,与过去不同的是,纸币的发行者不是商人或银行,而是政府。接受纸币的前提是信任政府"[②]。

3. 吉登斯:货币与现代性的时空特征

英国著名社会学家吉登斯将货币与现代性的时空特征联系起来分析,详细说明了发达的货币经济对现代社会制度的实质性作用。吉登斯认为,现代性的

---

① Parsons. T, "General Theory in Sociology", in Merton. R (ed). *Sociology Today*, London: Basic Books, 1959, p. 17.
② [美]詹姆斯·科尔曼:《社会理论的基础》,邓方译,社会科学文献出版社1999年版,第217–218页。

出现与发展与两种动力性机制密不可分：一是时空分离及其不断重新组合；二是与时空重构相关的社会体系从局部性情景中脱离，即"脱域"机制。而货币与这两个动力性机制有着内在联系。首先，吉登斯阐释了货币的空间效应。借助于货币的作用，个体与其财产之间的空间化、距离化有了可能。特别是，今天的货币已经独立于它所代表的商品，而是像存贮在电脑里的数据一样，以纯信息的形式显现出来的。它的流动已经克服了商品货币的空间限制，在电子回路里，以时间的形式来表现。在世界任何地方的人们都能借助现代通讯和信息手段进行商品和货币的交易，"货币是时空伸延的工具，它使时间和空间中分隔开来的商人之间的交易成为现实"。货币对于脱域机制的另一个关键之处在于货币与信任的关系。因为所有的脱域机制，包括象征标志和专家系统，都依赖于信任。而任何一个使用货币符号的人都依赖于这样一种假设：那些他或她从未谋面的人也承认这些货币的价值，并且货币的运作得到政府、银行等专家系统的支持和保证。货币危机往往是信任的危机。因此，吉登斯认为："货币当然是现代社会生活的一个内在组成部分，是象征标志的一种特殊类型。它对从总体上现代经济生活之脱域是极其关键的。"①

4. 鲍德里亚：货币与后现代社会的仿真结构

后现代主义社会理论家鲍德里亚分析了后现代条件下货币的特征。他认为后现代社会是仿真、影像主导的社会。仿真就是所有的符号自身相互交换，但不与真实交换。符号的能指方面获得了解放：它摆脱了过去那种指称某物的古老义务，可以按照一种随意性和不确定性展开组合游戏。在鲍德里亚看来，在后现代社会，工资、劳动、货币等这些政治经济学范畴都成为空洞的能指。后现代货币已经与一切社会生产关系相脱离，既不具有使用价值，也不再具有交换价值，成了一种自由浮动的能指："货币被掏空了生产的目的性和生产的情感，它成为思辨性的。它从金本位到流动资本和普遍浮动制，从参照符号变为结构形式。这是浮动能指特有的逻辑。"② 后现代社会中的货币不再是一种媒介，

---

① ［英］安东尼·吉登斯：《现代性的后果》，田禾译，译林出版社2000年版，第23页。
② ［法］波德里亚：《象征交换与死亡》，车槿山译，译林出版社2006年版，第29页。

不再是一种商品流通的手段，它摆脱了商品和市场，成为被卸载了所有信息和意义的自主仿象，它自身成为信息并且在自身交换。作为这种空洞的能指的后现代货币，最显著的形式就是"热钱"，即游资。它以无限自我繁殖为目的，在全世界漂移、浮动、流通。货币成为后现代社会最纯粹的符号表达。

（三）对话与批判

帕森斯、科尔曼、吉登斯、鲍德里亚基本上代表了当代社会理论中的结构功能主义、理性行动理论、现代性理论与后现代主义等思想主流对于货币与当代社会关系的理论观点。他们立足于资本主义社会的新近发展，对货币的本质及其在现代社会中的功能给予了新的研究，提出了许多新的角度与见解。帕森斯关注的是货币媒介对于社会系统的稳定的重要作用，科尔曼侧重于货币在社会理性行动中的影响，吉登斯阐明了现代货币的时空效应，鲍德里亚分析了后现代货币的符号特征。由此可以看出，在货币问题上，马克思与当代社会理论存在巨大的对话空间。他们的共同焦点是对货币在现代社会中的巨大功能、作用和效应的分析。这一分析告诉我们：货币不仅仅是一个经济现象，而且是一个重要的社会现象、文化现象和精神现象，是从宏观上和微观上理解并把握整个现代社会生活世界的钥匙。从货币这一现代社会的纽带来切入现代社会结构，折射现代精神文化，反思现代人的生存困境，从更深层次上探讨货币与社会世界的相互形塑关系，具有十分重要的理论价值和现实意义。

另一方面，从马克思的货币理论的立场看，当代社会理论家的货币思想深化了我们对于货币在现代社会中的作用的理解的同时也存在着一些无法克服的理论困难或者说理论的盲点。首先，当他们从语言与符号的视角界定货币的象征符号属性时，他们实际上预设了符号具有共享意义上的社会共识功能。社会成员对于这些符号的认知，没有利益的冲突，因此他们可以接受、内化这些共享符号。然而这种观点在社会共识中，对于作为符号的语言来说也许可行，但是对于货币则是没有意义的。在现实社会中，人们围绕货币及其价值的观点和行动是多种多样的，甚至有时是相互冲突的。其次，当代社会理论家都认为货币是一种媒介，本身没有价值。但是问题是理性的经济人为什么会用有价值的商品去交换没有价值的货币？吉登斯、科尔曼等人都没有触及这个问题。帕森斯倒是给了一个回答，说货币接受者能从货币身上获得四种自由。但是这种自由必须以货币接受者肯定所有其他人也会接受货币为前提。因此，帕森斯的解释策略就是每一个人接受货币是因为他预期其他人也接受。这是个解释循环。这个解释并不能从根本上解决问题，倒像是对某种集体无意识的疯狂的描写。第三，当代社会理论家都认为货币是沟通、交流的中介和工具，本身是中性的，在社会系统里，货币是无害的社会媒介。这就忽视了在经济领域中作为资本的货币所具有的剥削功能及其围绕着工资的阶级冲突，也无法解释在社会领域中，作为社会财富的货币所体现的社会的不平等效应。

当代社会理论家之所以存在这些理论困难和盲点，归根结底，是与他们的货币理论的出发点密切相关的，即他们都是立足于货币的符号象征属性，着重从社会的流通交换领域出发，研究的是"作为货币的货币"的本质与社会功能。而马克思的货币理论则相反，他是立足于劳动价值论，着重从社会的生产领域出发，抓住了"作为资本的货币"，揭示出货币的本质是人们在生产过程中结成的社会关系。因此，货币力量源自人与人之间经济、社会关系的力量：它由人类的经济活动所创造，在人与人之间流通，负载着传达人与人之间社会关系的职能，引导着人们相互之间的经济社会行动，构造人与人之间的社会关系网络，组织着社会的结构体系。货币的社会关系本质决定了货币绝不仅仅是中性的媒介。在资本主义条件下，货币是生产性的，即货币可以购买劳动力这种特殊商品，成为生产过程中的必要因素，并且生产出剩余价值来。这样，货币就转化为资本。作为资本，货币的社会功能就是作为支配手段。凡是没有其他物品可以出售的人必须出卖他的劳动力给货币持有者。通过工资形式的货币，工人们得以进入社会财富的分配，但是他们失去了在特定时间内的劳动的支配权。因此，马克思揭示了关于货币关系的一切抽象的简单规定，"在现实中却是以各种最深刻的对立为中介的"，其中最根本的对立就是"工资和资本的对立"。由此可见，马克思的货币理论是一种历史唯物主义的科学逻辑。他深入到资本主义经济运行机制的内部，从资本主义生产方式出发，将哲学的批判理性与现实的经济学的实证研究有机结合，深刻揭示了货币背后所体现的资本主义社会人与人关系的物化与颠倒。对此，现代经济人类学家戈德利尔的评价是准确的："马克思之所以伟大，就在于他通过对商品、货币、资本等的分析，真实地再现了在资本主义生产方式中以颠倒的形式表现在人们日常生活中或观念上的各种事实，阐明了社会关系所带有的那种虚幻性。"①

在市场化、全球化的今天，资本的猛烈扩张使货币经济成为整个社会结构更加重要的决定因素。这意味着对社会理论来说，马克思关于货币、资本和资本主义的伟大批判仍是不可超越的基础，马克思主义的当代出场具有无可争辩的合法性。同时，如何对马克思主义与众多当代社会理论新说之间的关系，做一种更富辩证力度的整合性理解，已成为马克思主义研究最重要的一个课题。这是我们比较马克思与当代社会理论的货币思想得出的启示。

七、近代西方社会思想中的货币观念及其与马克思货币思想的关系

货币与人类的文明同样古老。从它诞生以来，货币对所有社会的政治、经济、文化都产生着重要影响。但是在不同的社会结构中，这种影响又是不同的。在传统社会中，人们的社会关系以亲情、血缘、习俗、等级观念和权力为基础，货币的功能和影响受到严格限制而居于被支配的地位。到了近代社会，随着资本主义的兴起，货币挟制着商品和资本显示了前所未有的影响力量："凡是在货币关系排挤了人身关系和货币贡赋的地方，封建关系就让位于资产阶级关系。"②资产阶级正是通过货币，"在它已经取得了统治的地方把一切封建的、宗法的和田园诗般的封建羁绊都打碎了，它使人和人之间除了赤裸裸的利害关系，除了冷酷无情的现金交易，就再也没有任何别的联系了"③。

日益发达的货币经济强烈地冲击着人们的社会生活，深刻地改造着社会结

---

① ［日］栗本慎一郎：《经济人类学》，王名等译，商务印书馆1997年版，第23页。
② 《马克思恩格斯全集》第21卷，人民出版社1972年版，第450页。
③ 《马克思恩格斯选集》第1卷，人民出版社1995年版，第274页。

构,有力地形塑着社会价值观念。对于货币在现代社会中的作用和影响,众多社会思想家从不同的思想立场出发,提出了许多不同的观点。这中间大致可以分为三种思想倾向。首先是以洛克、休谟、亚当·斯密等为代表的苏格兰学派政治经济学家。他们多是从维护和促进资本主义的立场出发,积极评价货币对于社会发展、经济繁荣、国家富裕所起的重大作用。其次是以莫尔、康帕内拉为代表的早期空想社会主义者。他们激烈批判资本主义社会中金钱至上所带来的道德沦丧、贫富分化等社会现象,提出了各种废除货币的理想社会蓝图。第三是以康德、黑格尔、赫斯为代表的德国古典哲学。他们大多从人的理性、本质的哲学立场出发,分析货币与人性及其异化的关系。他们的思想在马克思的货币理论中得到了进一步的扬弃和深化。

(一)古典政治经济学:货币与社会的亲密接触

古典政治经济学秉承苏格兰启蒙思想的基本原则,承认人的利己本性,用通过外部机制的作用,使得个人追求金钱财富最终促进社会公益这样一种诉诸功利的逻辑,来论证货币的正当性,并使得人追求财富的行为摆脱了传统宗教和政治道德的束缚。

洛克注意到货币在建立一个进步的社会秩序中所起的作用,相信货币有助于人性从自然状态向文明社会状态过渡。只要人们的财产占有还限于容易腐烂的产品,那么财产的占有范围就十分有限。货币则提供了一个持久的价值储存方式,并且能够与其他有用的物品相交换,"这是一种人们可以保存而不至于损坏的能耐久的东西,他们基于相互同意,用它来交换真正有用但易于败坏的生活必需品"①。货币出现后的一个重大社会功用是有助于人们的财富积累,扩大了人们财产的范围。洛克说:"只要一个人在他邻人中间发现可以用作货币和具有货币价值的某种东西,你将看到这同一个人立即开始扩大他的地产。"② 在洛克看来,货币以其价值储存的属性,表现了社会成员的追求财富的欲望,扩展了个人稳定自己私有财产的能力。而个人对货币的追求是增加社会财富、迈向

---

① [英]洛克:《政府论》下篇,叶启芳译,商务印书馆1962年版,第30页。
② [英]洛克:《政府论》下篇,叶启芳译,商务印书馆1962年版,第31页。

文明社会的重要步骤。

休谟积极评价商业、货币经济对促进社会发展的重要作用。首先，他认为货币经济的发展有助于良好的社会风气的形成。在休谟看来，人们积极从事商业活动，追逐货币金钱，不但不会损害社会发展，反而会刺激人们的进取心、勤勉心，从而使得整个社会朝气蓬勃、经济生产发展、人们的精神面貌焕然一新。休谟说："我们看到，在货币大量输入空前激增的各国，一切都有了起色，面貌一新：各行各业朝气蓬勃，干劲十足，商人更加雄心勃勃，力图进取，制造业更加兢兢业业，精益求精，连农民扶犁也手脚轻捷格外用心了。"① 其次，讲究享受的社会风气反过来会促进商品货币经济的发展。因为对精致生活的追求会刺激商品生产，加速货币的流通。倒是简朴的生活方式才会给社会造成损害，因为这会把金银禁锢在少数人手里，妨碍了金银的普遍流通和商品交换。所以，"当人们从而认识了享受奢华之乐，经商作贾之利；人们一旦开了窍，领悟到随机应变和惨淡经营地秘诀，就坚持不懈地进一步改进对外贸易和国内贸易地每一个部门"②。这样，商业、货币的繁荣与良好的社会风气和人们的精神面貌就形成了一种良性的循环。

亚当·斯密同样重视货币与社会、国家的关系。他从劳动价值论的立场出发，认为一个国家的富裕在于生产劳动和社会分工，而不是货币的数量。货币作为交易的媒介，不过是为了促进物品的流通。货币本身是一种死宝，并不提供生活用品，"货币不能用作生活必需品，肚子饿的时候不能把货币拿来吃，冷的时候不能把货币拿来穿，货币也不能用作住宅。必须把货币交换各种货物来供给衣食住的用途"③。货币就像一国的公路，本身不生产米麦和青草，但它能促进米麦和青草在国内的流通。因此，斯密嘲笑那些一心储存货币的守财奴，

---

① ［英］休谟：《休谟经济论文选》，陈玮译，商务印书馆1984年版，第32页。
② ［英］休谟：《休谟经济论文选》，陈玮译，商务印书馆1984年版，第13页。
③ ［英］亚当·斯密：《亚当·斯密关于法律、警察、岁入及军备的演讲》，陈福生、陈振骅译，商务印书馆1962年版，第205页。

说："没有一个头脑清楚的人是为了货币而窖藏货币的。"① 而且，斯密认为这种将富裕看作是货币的观点对于社会经济的发展也是有害的。这种观点会导致政府禁止铸币出口，影响对外贸易。而禁止货物输出又反过来妨碍国内的生产，"阻碍人们花钱的自由，就等于阻碍钱所由来的制造业的发展"②。

（二）空想社会主义：货币与社会的对抗

随着近代商品货币经济的繁荣，整个社会充斥着金钱至上的狂热。拜金主义严重冲击了传统的道德伦理和价值观念，并且带来了诸如腐化奢靡、社会两极分化、贫困、犯罪等一系列社会问题，"1300—1600 年间的欧洲大概是人类历史上最无情的时代"③。这不能不引起一些社会思想家对拜金主义的揭露和批判。一些早期空想主义者于是构想了一个个没有货币的"乌托邦"。

空想主义之父托马斯·莫尔在其名著《乌托邦》中将现实社会与他理想中的社会进行了鲜明对比。现实社会是一个私有制的社会，一个金钱至上的社会，一个不公正的社会："任何地方私有制存在，所有人凭现金价值衡量所有的事物，那么一个国家就难以有正义和繁荣。"④ 在这个社会中，对小偷小盗处以极刑，把盗窃犯与杀人犯看成是毫无区别，充分体现了这个社会对金钱财富的崇拜和对人的生命的漠视。与现实社会形成鲜明对照的是，在"乌托邦"，人们不使用金钱，也不贪金钱。虽然他们有大量铸钱的金银，但是他们"都只按其本身真实性质所应得的价值，不超过这个价值"。例如，他们把金银铸成饮器盛器等日常生活用品。甚至让罪犯戴着金耳环、金项链、金冠，使得金钱成为可耻的标记。所以，"别的民族对于金银丧失，万分悲痛，好像扒出心肝一般；相反，在乌托邦，全部金银如有必要被拿走，没有人会感到损失一分钱"⑤。因此，

---

① ［英］亚当·斯密：《亚当·斯密关于法律、警察、岁入及军备的演讲》，陈福生、陈振骅译，商务印书馆 1962 年版，第 211 页。
② ［英］亚当·斯密：《亚当·斯密关于法律、警察、岁入及军备的演讲》，陈福生、陈振骅译，商务印书馆 1962 年版，第 216 页。
③ ［美］詹姆斯·汤普逊：《中世纪晚期欧洲经济社会史》，徐家玲译，商务印书馆 1996 年版，第 11 页。
④ ［英］托马斯·莫尔：《乌托邦》，戴镏玲译，商务印书馆 1982 年版，第 43 页。
⑤ ［英］托马斯·莫尔：《乌托邦》，戴镏玲译，商务印书馆 1982 年版，第 68 页。

莫尔认为在乌托邦消除了金钱，就可以消除人们的恐惧、焦虑、烦恼以及社会的骚乱、欺骗、抢劫、盗窃、贫穷等一系列问题。

莫尔所设想的这样一个没有货币、人人安居乐业的情形同样出现在康帕内拉的《太阳城》中。康帕内拉认为现实社会中的各种罪恶现象都是由贫富对立引起的。"违反誓约、卑躬屈节、撒谎、偷窃、不整洁等都起源于贫穷；劫掠、傲慢、骄傲、吹牛、游手好闲等等恶习都起源于富贵。"所以他说："贫与富是国家制度的主要缺点。"① 而这种缺点的根源是私有制，他指出"自私自利是万恶之因"，是产生诡辩、伪善和残暴行为这三大恶习"主要的罪恶根源"。于是，康帕内拉构思了一个废除了私有制，实行绝对公有制的太阳城。由于废除了私有制，也就摆脱了自私自利。他们蔑视私有财产，热爱公有财产，热爱公社。在太阳城没有阶级的区分，没有贫富的对立，由贫富对立而引起的一切恶习也都不再存在。财富不再是奴役人们的手段，而是人们享有和使用的对象。但是他们的公社制度使大家都成为富人，同时又都是穷人：他们都是富人，因为大家共同占有一切；他们都是穷人，因为每个人都没有私有财产。因此，不是他们为一切东西服务，而是一切东西为他们服务。② 由于一切生产与生活资料都共有，社会组织劳动，按需分配，商品货币关系也就没有存在的必要，在人们的心目中也没有地位："太阳城的人民不做现金交易，他们用自己的产品按相应的价值来交换他们所缺乏的产品。"③ 金银货币在太阳城中几乎不起作用，只是偶尔用来购买外国的商品，或者用来制作器皿或各种公共的装饰品。

19世纪初期，英国空想社会主义者欧文对资本主义私有制下货币作为资本的本性做了一定的揭示。他说："货币成了最粗暴的不公正的工具和压迫人的手段，特别是在那些自以为最文明的民族当中，更是如此。现在，货币成了一种最流行的欺诈工具。富人们用外行人所不了解的手法，利用货币从那些用繁重的劳动创造出最宝贵财富的人手里夺取这种财富，所以货币也使社会上即使不

---

① ［意］康帕内拉：《太阳城》，陈大维、黎思复、黎廷弼译，商务印书馆1980年版，第66页。
② ［意］康帕内拉：《太阳城》，陈大维、黎思复、黎廷弼译，商务印书馆1980年版，第24页。
③ ［意］康帕内拉：《太阳城》，陈大维、黎思复、黎廷弼译，商务印书馆1980年版，第33页。

是最有害的成员,也是最无用的成员得以积累和享用财富。"① 欧文在这里所说的货币,显然是作为资本的货币,而不仅仅是作为货币的货币。从欧文这段话中可以看出,他事实上已经近乎懂得了,转化为资本的货币,是资本家剥削劳动者的工具,是积累财富的手段。因此,欧文认为要从资本主义过渡到他的理想社会,改造资本主义的货币制度是必要途径之一。他主张用劳动券代替金属货币,用劳动公平交换市场代替资本主义市场。这种劳动券仅仅是一种向理想社会过渡的手段。在真正的理想社会,既不存在交换关系,也不存在货币的,"货币对于生活在组织合理的社会中和受合理的原则管理的有理性的人来说,是毫无用处的"②。

(三)德国古典哲学:货币与人的本质异化

对于英法资本主义的兴起和商品货币经济的繁荣,德国思想家首先是在哲学层面做出了反应。德国哲学家多是从人的理性、价值、本质的角度去分析货币对于社会、人性的冲击和影响。

康德在《什么是货币》一文中,讨论了作为合乎理性形式的货币的概念。他认为,将货币仅仅看作是用来转让或交换的工具这种观点并没有表明货币这种物的合理的可能性。相反,康德将货币定义为:"在人们的相互交往过程中,互相交换劳动时所普遍运用的方式和手段。"③ 因此,货币不仅仅是工具,它实现的是人们互相交换劳动产品的过程,体现的是人们之间互惠性的契约关系。凡是通过货币而获得的财富,不过是人们的工业产品或使用的劳动的表现。人们的生产劳动才是公共财富的来源,而不是货币。而货币必须投入使用,投入产品流通中,才能促进社会财富的增长,充分体现它的合理价值。因此,康德批评那些盲目崇拜金钱,一味持有货币的守财奴,是令人"可鄙"的。因为"这种手段除了仅仅用来对人们的勤劳进行交换之外,本来并没有别的实用性;

---

① [英] 欧文:《欧文选集》下卷,柯象峰译,商务印书馆1965年版,第29-30页。
② [英] 欧文:《欧文选集》下卷,柯象峰译,商务印书馆1965年版,第63页。
③ Kant, "What is money?", In W. Hastie (ed), *Kant's Philosophy of Law*, Edinburgh: Clark 1887, p. 126.

但这样一来也就使一切物质财富受人们支配,尤其是在这些财富被用金属来加以体现之后,在其纯粹拥有中,它最后甚至不含有享受,甚至放弃一切使用(如吝啬鬼的做法)来维持某种权力,以为这种权力足够补偿其他一切东西的欠缺"①。康德看来,对货币的纯粹拥有,充分体现了人的三大情欲之一的"拥有癖"。"这种极其愚蠢的情欲"展现了货币导致的人性的异化。

黑格尔阐述了货币本身所体现的普遍与特殊的辩证法关系。在黑格尔的早期著作中,他就把货币界定为生成无差别劳动中介,体现的是"具体需要与劳动的一种抽象"②。在《法哲学原理》中,黑格尔认为货币不是财富的一种具体形式,而是所有财富的普遍形式。同时货币又是通过外在的物而体现出来的,所以它又能被看作是具体的物,"票据并不代表它的纸质,它只是其他一种普遍物的符号,即价值的符号。物的价值对需要来说可以多种多样。但如果我们所欲表达的不是特种物而是抽象物的价值,那么我们用来表达的就是货币。货币代表一切,但是因为它不表示需要本身,而只是需要的符号,所以它本身重又被特种价值所支配;货币作为抽象的东西仅仅表达这种价值"③。货币本质中蕴涵着具体需要与抽象价值的辩证关系。

在《论货币的本质》的开篇,赫斯首先从人的本质出发,认为生命是人的重要的本质规定。但生命只有置于交换活动中,才能获得真正的内在本质,"他们的现实生活只是在于他们的生产性的生命活动的相互交换,只是在于共同活动"④。但在资本主义现实中,人的类本质被异化了。这是因为资本主义私有制将人确认为单个的人、孤立的人、抽象的人。这样,人们不再能够相互直接的、真实的交往。"上帝对理论生活所起的作用,同货币对颠倒的世界的实践生活所起的作用是一样的:人的外化了的能力,人的被出卖了的生命活动。"由此,赫

---

① [德]康德:《实用人类学》,邓晓芒译,上海人民出版社2002年版,第186页。
② Hegel, System of Ethical Life and First Philosophy of Spirit (1803/4), Albany, N.Y, 1979, p. 154.
③ [德]黑格尔:《法哲学原理》,范扬、张企泰译,商务印书馆1961年版,第71页。
④ [德]赫斯:《论货币的本质》,见《国际共运史研究资料》第7辑,刘晫星译,人民出版社1982年版,第179页。

斯明确界定了货币的本质是"彼此异化的、外化的人的产物"①。

(四)马克思:扬弃与深化

列宁精辟地指出,古典政治经济学、空想社会主义与德国古典哲学是马克思思想的三大来源。马克思的货币思想同样是对这三大思想来源的扬弃和深化的产物。在马克思转向政治经济学研究之前,青年马克思深受德国古典哲学影响,特别是青年黑格尔派。因此,这一时期,马克思也是从抽象的人的本质这一视角去研究货币问题,把货币的本质理解为外化的、异化的和外在化了的抽象的人的本质,而人却被自己创造出来的货币所支配和奴役。在1843年的《论犹太人问题》和《1844年经济学哲学手稿》中,马克思都明确指出,在经济生活中,货币是一种外在于主体的物,又是人类主体本质外化的表现。货币明明是人创造的东西,可是现在它却以"一切事物的普遍价值"的身份剥夺了主体自身和整个世界的价值。在手稿中,马克思还接续了空想社会主义者的货币批判,以莎士比亚的《雅典的泰门》为例,形象地揭露了资本主义社会中的拜金主义的种种表现。

但是此时,马克思并不是仅仅重复前人的思想,而是有所突破和创新。与德国古典哲学和空想社会主义不同,马克思此时开始从资本主义经济生活出发,对货币进行实证的唯物主义研究。在《手稿》中,他一开始就强调他的研究结论"是通过完全经验的、以对国民经济学进行认真的批判研究为基础的分析得出的"②。马克思在货币的分析中也开始注意到现实的人与人之间的社会关系。例如马克思在《手稿》中认为货币是联结人与人、人与社会、人与自然的"纽带",是社会"地地道道的粘合剂"和"社会的电化学势"③。

其后的《神圣家族》也同样体现着立足于经济现实的货币分析和批判的唯物主义逻辑。马克思注意到,私有制的生成与灭亡是要遵循一定的客观经济规

---

① [德]赫斯:《论货币的本质》,见《国际共运史研究资料》第7辑,刘晔星译,人民出版社1982年版,第188页。
② 马克思:《1844年经济学哲学手稿》,人民出版社2000年版,第3页。
③ 马克思:《1844年经济学哲学手稿》,人民出版社2000年版,第144页。

律的。要消灭私有财产的完全表现形式的货币，也要遵循同样的客观逻辑："财产、资本、金钱、雇佣劳动以及诸如此类的东西远不是想象中的幻影，而是工人自我异化的十分实际、十分具体的产物，因此也必须用实际的和具体的方式来消灭它们。"① 与德国古典哲学基于人的类本质自我异化的货币批判以及空想社会主义单纯取消货币不同，在这里，我们看到马克思强调的是在客观经济运动的现实发展中分析和批判货币。

而且，与古典政治经济学将货币作为一个既定的经济现象不同，马克思指出货币是一个历史范畴，它是与资本主义社会生产方式密切相关的。马克思指出，在以往的政治经济学研究中，所有资产阶级"经济学家都把分工、信用、货币等资产阶级生产关系说成是固定不变的、永恒的范畴"。这些"经济学家向我们解释了生产怎样在上述关系下进行，但是没有说明这些关系本身是怎样产生的，也就是说，没有说明产生这些关系的历史运动"②。此时，马克思已经完全超越了古典经济学的货币思想。

可以看出，此时马克思是站在历史唯物主义高度来分析和批判货币的。这种科学认识无论是与古典政治经济学的表象性的货币分析，还是空想社会主义和德国古典哲学的伦理性的货币批判，都有很大的异质性。

正是在批判性地汲取古典政治经济学、空想社会主义和德国古典哲学的货币思想的基础上，马克思创立了科学的、历史唯物主义的货币思想，形成了人类思想史上"第一个详尽无遗的货币理论"③。

八、马克思的货币哲学与现代社会的发展

马克思的货币哲学是在现代资本主义的历史语境中生成的，是在批判资本主义生产方式的过程中提升出来的，而现代社会则是随着资本主义的兴起而产

---

① 《马克思恩格斯全集》第 2 卷，人民出版社 1957 年版，第 66 页。
② 《马克思恩格斯全集》第 4 卷，人民出版社 1958 年版，第 138 页。
③ 《马克思恩格斯全集》第 24 卷，人民出版社 1972 年版，第 22 页。

生、发展起来的。正是在这种意义上,才有了利奥塔关于"资本主义是现代性的名称之一"①的说法。在最为直观的意义上,说现代社会就是现代资本主义社会,实际上也就是说现代社会是以商品生产、货币流通、资本增值为根本内容,以与传统社会相区别的现代生产方式的存在为根本前提的。对此,马克思指出,当"家长制的、古代的(以及封建的)状态随着商业、奢侈、货币、交换价值的发展而没落下去"的时候,"现代社会则随着这些东西同步发展起来"②。就是说,现代社会与商品生产、货币价值、交换价值、财富增值有着一种天然的联系,这决定了马克思货币哲学对于研究现代社会的发展问题有着十分重要的意义。

(一) 马克思货币哲学与金融全球化

众所周知,现代社会发展的一个根本性趋势就是经济与金融全球化。在马克思主义看来,这一趋势与资本的本质息息相关。资本的本质就在于实现价值增殖。资本的生命意志和生活本能也就天然地要求资本能够最大限度地保持自身并扩大自身,使资本自身交替地表现为商品与货币的形式,成为生产资本与流通资本(商品资本和货币资本)相交替的"永不停息"和"无孔不入"的运动过程。如马克思所说:"对资本来说,任何一个对象本身所能具有的唯一的有用性,只能是使资本保存和增大……作为价值而独立化的价值——或者说财富的一般形式——除了量上的变动,除了自身的增大外,不可能有其他的运动。这种价值按其概念来说,是全部使用价值的总汇;但由于它始终只是一定量的货币(在这里是资本),所以它在量上的界限是与它的质相矛盾的。因此,它的本性是要经常地越出自己的界限……所以,对于自己坚持为价值的那个价值来说,增大和保存自己已经合而为一,它能保存自己,只是由于经常地越出自己在量上的界限,而这种界限是同它的形式规定,同它的内在的一般性相矛盾的……因此,作为财富,作为财富的一般形式,作为起价值作用的价值而被固定

---

① [法] 利奥塔:《后现代性与公正游戏—利粤塔访谈书信录》,谈瀛洲译,上海人民出版社1997年版,第147页。
② 《马克思恩格斯全集》第30卷,人民出版社1995年版,第108页。

下来的货币,是一种不断要超出自己的量的界限的欲望:是无止境的过程。它自己的生命力只在于此;它只有不断地自行倍增,才能保持自己成为不同于使用价值的自为的交换价值。"① 既然资本在本质上已经体现为"一定量的货币',体现为"一种不断要超出自己的量的界限的欲望",那么这一本质决定了货币、资本的行动逻辑:在深度和广度上不断地扩张以追求价值增殖。它一方面为不断扩大产品销路而奔走于全球各地,另一方面又造成了全部社会关系的不断变革,造成了向一切社会领域的广泛渗透。

金融全球化就是在这一背景下迅速发展起来的。"二战"以后,持续不断的技术进步导致了全球性的产能过剩,使生产领域的竞争空前激烈,利润率持续下降。而垄断资本所积累的大量资产必须找到新的增殖空间。于是,衍生金融产品、有价证券、风险资本等新的金融工具不断出现,特别是 20 世纪 90 年代以来,西方发达国家的股票市场、债券市场和货币市场迅猛扩大,除银行以外的多种金融机构纷纷崛起,快速发展并形成金融体系多元化、金融机构业务混业化的格局。资本不断地流向这些领域,表明金融领域已经成为当代资本获取高额利润的主要领域。因此,法国学者德洛奈将 20 世纪 80 年代以来的资本主义称作"全球化的金融垄断资本主义"。他认为货币和金融市场形成了一个提取和集中世界储蓄的体系,"确切地说,金融市场是进行控制的地方,它能够保证资本所有者的绩效最大化"②。据国际清算银行统计,衍生品市场的价值已达到 200 万亿美元,约 6 倍于全球国内生产总值的价值。这一市场通过对货币的操纵进行着全球财富的再分配,将更多的财富聚敛到自己手中。正如美国学者德里克指出:"如果不考虑到资本主义在全球范围内的胜利就无法理解全球化。"③ 金融全球化意味着货币、资本的力量已经渗透到全世界,成为影响现代社会发展的重要力量。

---

① 《马克思恩格斯全集》第 30 卷,人民出版社 1995 年版,第 227 - 228 页。
② [法] 让·克洛德·德洛奈:《全球化的金融垄断资本主义》,载《国外理论动态》,2005 年第 10 期。
③ [美] 阿里夫·德里克:《后革命氛围》,王宁等译,中国社会科学出版社 1999 年版,第 4 页。

那么货币的这种影响力、支配力究竟是如何体现的呢？前面我们已经指出，在马克思的货币哲学看来，货币的社会关系本质主要表现在三个方面，一是货币具有社会属性，它表现着经济关系和社会形态的特征；二是货币具有文化属性，它是人们文化观念中重要的价值符号；三是货币具有属人本性，它既带来人的独立性，又造成人的依赖性。从马克思的这一理论出发，我们可以认为，在金融全球化的背景下，货币作为影响和推动现代社会发展的关键性力量主要体现在三个方面。

从社会层面看，货币构造出来的社会结构与社会行动在不同的时代具有不同的特点。传统社会中的货币具有人身依附的特征，它是依附于封建地产的，并以地租的形式表现出来。现代社会中的货币从地产与人身依附关系中独立出来，以资本的形式表现自己的强大力量。现代社会关系和结构的一个重要体现和内容，就是通过货币实现各种社会资源的测量、比较和交换。货币牌价、汇率变动、股市行情、成本核算、计量分析等将人与自然、人与人之间的关系和行为完全以货币等价物的形式表现出来，构造出"以物的依赖性为基础的人的独立性"新的社会形式、社会关系和社会结构。因此，现代社会中，货币无疑是具有极其重要地位的交往和评价手段，对于塑造和理解现代社会关系和社会结构都具有决定性的意义。

从文化生活层面看，"如果我们把文化看成是网罗进社会价值与意义传达的代码之中去的符号和意义的那种复合物的话，那么我们至少就可以着手解开今天条件下它的复杂性之任务，认识到货币和商品本身就成为文化代码的主要承担者"。① 现代急剧发展成熟的货币经济使得一个社会的文化风貌、价值观念也发生剧烈改变。传统的精英文化、高雅文化日益受到金钱、市场的侵蚀，大众性的、消费性的、商业性的文化在金钱、市场的推动下蓬勃发展。市场供求和生产性财富被视为"文化生产的盟友"，"金钱是实现创造性表现和艺术交流目的的途径"②。在货币经济的影响下，社会的价值观念体系日趋世俗化、实利化、

---

① ［英］戴维·哈维：《后现代的状况》，阎嘉译，商务印书馆2003年版，第375页。
② ［美］泰勒·考恩：《商业文化礼赞》，严忠志译，商务印书馆2005年版，第25页。

货币化。"金钱面前人人平等"的价值观在破除传统的身份权力等级观念的束缚的同时，也带来了拜金主义、唯利是图的消极后果。

从现代人的主观世界层面看，货币的存在与流动正在加速改变着现代人的生活方式，影响着现代人的意识结构。正如社会心理学家林德格瑞指出的："在社会金钱竞争中，濒临失败、垮台的人，最初还只是扫兴（欲望得不到满足），继而是忧郁，最后干脆变得麻木不仁了。人们很清楚，一旦没有钱，便削弱了奋斗的基础，这种心理上的影响会降低自我价值感。"① 这表明，在现代这个以货币经济为主导的社会中，货币在现代人的生命价值系统中的意义已经得到了空前的提升。拥有尽可能多的货币，以求得社会的认同，确立自我价值与尊严，是一种普遍的社会心理。

因此，从马克思货币哲学的意义上看，金融全球化，就是通过货币构筑的"帝国"："从货币的角度，我们可看到这个世界最完整的一幅图景。从这里我们可看到满眼的价值观念，可看到一部分配的机器，一种积累的机制，一套流通的机制，可看到一种权力，一种话语。在这片被金钱大潮浸透的场地之外，什么也没有，根本不存在什么赤裸裸的生活或外在的立足点。什么也不能避开金钱，生产和再生产都套着金钱的外衣。"②

（二）马克思货币哲学与金融危机

从资本主义诞生以来，货币金融危机是一个挥之不去的幽灵，总是在最为辉煌、光鲜的时刻显现。1929 年 10 月 24 日，纽约，那个星期四的早晨与往常没有什么不一样。街道依然车水马龙，人们依然谈笑风生，股票市场指数看起来也依然坚挺。然而到了 11 点，突然之间，股价开始狂跌，抛盘如潮水般涌现，短短半个小时，气氛已由疯狂变为惊恐，交易者完全听凭盲目无情的恐慌所摆布，在一个小时之内，股价的暴跌导致的无助与绝望使得 11 名业界小有名气的投机商相继自杀身亡。这就是著名的纽约股市大崩盘的开始。接下来，美

---

① ［美］林德格瑞：《金钱心理学》，小筠译，吉林人民出版社1991年版，第96页。
② ［美］麦克尔·哈特、［意］安东尼奥·奈格里：《帝国——全球化的政治秩序》，杨建国、范一亭译，江苏人民出版社2003年版，第32页。

元贬值,市场消费力减弱,大量企业倒闭,人们手中的资产减值。货币贬值产生的通货膨胀压力,使消费意欲大减,整个社会经济运作疲弱不堪。当整个社会经济放慢运转,人们面对减薪、裁员和失业的威胁时,经济复兴和增长的前景更加黯淡。再接着,美国经济危机在资本主义世界范围内形成的多米诺骨牌效应。这样的危机模式在战后不断重复出现:80 年代的拉丁美洲债务危机、1992 年的欧洲货币危机、1994 年的墨西哥货币危机、1997 年的亚洲金融危机、1998 年的俄罗斯金融危机、2003 年阿根廷严重的金融危机等等。

经济学家们对历次货币金融危机的成因和影响的研究著作可谓汗牛充栋。除了各自特定的一些具体原因外,较具普遍性的因素无非是国内经济政策失误、金融体制不健全、金融监管不力、国际投机资本作祟等等。人们对货币金融危机的认识还仅仅停留在经济领域,针对的仅仅是一些技术性的问题,所提出的改进意见也仅仅是局限在政策制度层面。实际上,正如当代马克思主义政治经济学家们所言:"货币与金融的不稳定并不仅仅是由于政策的错误,或者货币与金融机制的缺陷所造成的。要想全面地确定这种不稳定的根源,有必要全面考察实际资本积累同货币与金融的社会联系,并证明它们的矛盾冲突和经常的不合理特征。要超越对于货币与金融狭窄的技术方面的处理,特别是关于这一问题的大量的专业论著,揭示更广泛的问题,并关心对劳动人民生活的影响,同样是非常重要的。"[①] 可见,要深入考察货币金融危机的成因及其社会影响,我们需要放宽学科视野,拓展思想资源,站在马克思货币哲学的高度来审视货币金融危机。

从哲学层面看,危机是社会发展过程中矛盾状态的一种表征。[②] 因此,危机根源于社会发展过程中各种社会因素、社会关系的不协调、矛盾、冲突。马克思的货币哲学表明,货币本质上是一种社会关系。社会关系会随着社会生产力的发展和历史的变迁而发生变化。因此在不同的社会历史时期,货币与社会、

---

① [日]伊藤·诚、[希腊]考斯达斯·拉帕维查斯:《货币金融政治经济学》,孙刚、戴淑艳译,经济科学出版社2001年版,第3页。
② 郝永平:《危机问题的哲学探究》,载《求是学刊》,2003年第9期。

文化、人的关系会呈现不同的特点。而货币金融危机的出现，则是在资本主义制度下，货币与社会、文化等因素还存在矛盾与冲突的表现。

1. 货币金融危机的社会根源

首先，必须注意到现代货币生成的资本主义制度社会历史背景。从根本上说，货币金融危机的根源在于现代资本主义生产方式的根本矛盾。

日本经济学家林直道在《危机与萧条的经济理论——对日、美及东亚经济衰退的剖析》中强调指出："危机和萧条虽然也是令人讨厌的事情，给人们带来了灾难，但与地震、台风和火山爆发等自然灾害不同，其根源存在于人们的社会关系之中……如果先概括结论，则危机和萧条的根本原因在于资本主义生产方式的基本矛盾之中。"① 其实，马克思在资本论中已经对此问题做了近乎完美的解释。马克思指出，货币金融危机是生产过剩的经济危机的征候，危机根源于生产的社会化与资本主义私人占有制之间的矛盾。这一基本矛盾首先表现为资本主义生产能力的巨大增长和劳动人民有支付能力的需求相对缩小之间的矛盾，即生产与市场的矛盾；其次表现为个别企业内部生产的有组织性和整个社会生产的无政府状态之间的矛盾。正如马克思指出的："一切真正的危机的最根本原因，总不外乎群众的贫困和他们有限的消费，资本主义生产却不顾这种情况而力图发展生产力。好像只有社会的绝对的消费能力才是生产力发展的界限。""这种现实买卖的扩大远远超过社会需要的限度这一事实，归根到底是整个危机的基础。"② 因此，对任何货币金融危机的分析都离不开现代资本主义的社会制度背景。

现代货币具有资本性质。随着国际经济一体化的发展，世界各国纷纷实行对外开放政策，优先实现金融市场国际化，各国货币先后进入自由兑换，货币资金运动速度急剧加快，国际资本以前所未有的速度和规模在国与国之间流动。追逐超额利润是国际资本的本性，据国际货币基金组织估计，目前在全球货币

---

① ［日］林直道：《危机与萧条的经济理论》，江瑞平等译，中国人民大学出版社2005年版，第27页。
② 马克思：《资本论》第3卷，人民出版社2004年版，第555页。

市场间流动的国际投机资本即国际游资至少有 7.2 万亿美元，相当于全球每年总 GDP 的 20%，每天有相当于 1 万亿美元的投机资本四处游荡，寻找归宿。国际投机资本的流动表现出极强的投机性、无序性和破坏性。它往往构成了货币金融危机的外在因素。正如马克思所指出的："随着生息资本和信用制度的发展，一切资本好像都会增加一倍，有时甚至增加两倍，因为有各种方式使同一资本，甚至同一债权在不同的人手里以不同的形式出现。这种货币资本的最大部分纯粹是虚拟的。"① 投机泡沫就是从膨胀的名义货币资本的"肥皂泡沫"中产生的，而泡沫的破灭则必然引发金融危机。马克思深刻分析了这种危机发生的根源："正因为价值的货币形态是价值的独立的可以捉摸的表现形式，所以，以实在货币为起点和终点的流通形式 G……G'，最明白地表示出资本主义生产的动机就是赚钱。生产过程只是为了赚钱而不可缺少的中间环节，只是为了赚钱而必须干的倒霉事。因此，一切资本主义生产方式的国家，都周期性地患上一种狂想病，企图不用生产过程作中介而赚到钱。"②

同时，现代货币是一种国定货币。其经济功能的发挥往往与国家的货币经济制度有关。发生货币危机的国家在国内经济发展战略、宏观经济政策和经济微观基础等方面存在的一些共同弱点构成了影响危机形成的内在因素。而且一国国内的企业融资体制、银行及其他金融机构的脆弱性、金融监管体系、金融市场发育程度和公众预期都会不同程度地影响货币危机的形成和演进。从世界市场看，在经济一体化、全球化的今天，货币金融危机的国际蔓延往往与各国间货币经济政策之间缺乏协调、各行其是，各种经济矛盾日益加剧有关。现代货币是一种信用货币。现代信用关系是由银行信用、商业信用、国家信用和消费信用组成。其中国家、银行信用占主导地位，是现代信用关系建立的标志和作用于经济生活的主要途径。因此，历次货币金融危机的实质是信用危机。在危机过程中，我们看到各国居民对国家信用保障的货币失去了信心，纷纷抛出本国货币、购进外币，使本国货币急剧贬值。而信息、网络技术的飞速发展把

---

① 马克思：《资本论》第 3 卷，人民出版社 2004 年版，第 533—534 页。
② 马克思：《资本论》第 2 卷，人民出版社 2004 年版，第 67—68 页。

世界经济融合成为全球一体化的"网络经济",产生了一些跨越国界的货币金融新型运行方式。如电子货币、网络购物、网络支付等。网络经济的飞速发展加大了货币金融监管的难度,必然会给国家经济发展和国际贸易带来风险。

2. 货币金融危机的文化因素

社会经济层面的问题并不是导致货币金融危机的唯一原因。在许多显现的经济问题的背后,蕴涵着深层次的道德、文化和价值观念因素。

马克思的货币哲学指出,在以"物的依赖"为典型特征,以货币为主要交换媒介的商品经济条件下,社会的文化精神不可避免地受到货币经济的强烈冲击。货币超越了经济的范围,它所导致的思维倾向和价值原则,渗透到整个社会的文化精神之中,对人们的外在行为与内在信念都产生着重要的影响。以金钱为中心的种种社会心态、价值观念及其意识形态功能不过是现代市场社会经济结构在思想文化上的反映。其根本特征是以物质财富的追求与享用为中心的现代文化。

在市场社会中,货币作为物质财富的象征符号,具有配置经济资源、掌握社会权力、推动整个社会经济机器运行的巨大力量,再加上货币转化为资本所具有的盈利本性,使得人们以金钱的追逐和数量的积累为生活的最大幸福和快乐。但是当货币形态受限在普通商品甚至于特殊的金银商品之上时,人们追求货币的积累就是受到限制的,商品类货币的自然数量就是这种积累的自然边界。当现代货币形态变化为纸币、电子形式及数字记录时,事情就发生了根本的变化。货币的数量边界消失殆尽,人们积累货币的边界也消失殆尽。货币形态的变化配合人们对物质财富的狂热追求使得人们制造出了规模日益增大的既不能吃又不能穿的"金融产品":如股票、债券、基金以及数不清的金融衍生产品,开辟了一个更大的金融商品交易市场,以此来创造更多的货币财富空间:一张一元面值的股票,可以完全脱离发行股票的企业经营情况而被"炒"到十倍、百倍面值价格之上,本来就是"虚拟"的金融产品,被再一次"虚化"成为纯粹的数字,这就是"金融资产泡沫"了。现代人为满足对无限货币财富的渴望所创造的种种金融活动、金融产品"给人类自己提供了一种永远也无止境的生命追求游戏——货币数量的积累游戏"①。它在形成那天满足了人们对千万富翁、亿万富翁的财富神话的想象,而在破灭那天也埋下了货币金融危机的种子。

3. 货币金融危机的人性层面

在不同的社会经济环境和不同的文化价值观指导下,人们会形成不同的心理和人格特征,并在社会活动中采取不同的行为,从而对社会发展产生反作用。马克思的货币哲学已经指出,在市场社会时代,货币在增强个体独立性的同时也导致了人的依赖性。这种依赖性主要表现在货币对现代人的精神世界和心理结构影响深刻,以至于成为现代人确证自我、表现个性的重要标志。拥有货币,自我才感觉到拥有权力、成功、快乐、安全。由此,现代人形成了一种重占有、重交换价值的市场人格、金钱人格。于是,人们形成了"有钱就有了一切"的心理,表现在行为上则是只要能挣到钱,不管采取什么手段都可以。金钱人格进一步刺激了人性中的贪婪欲望:有100元想1000元,有1000元想10000元。一旦出现无限货币财富积累的外部环境,金钱人格与贪婪本性的结合使得现代人不能理性地面对各种社会经济因素,更不能理性地处理,容易盲目地去追求利益的最大化,进而转化成了金融活动中里追求无限制货币数量积累的"疯狂激情"和投机心理。这种狂热和非理性必将冲垮一切自然的、社会的、文化的、心理的约束边界,直到制造出又一次的经济泡沫和货币金融灾难。国际金融史领域的权威专家查尔斯·金德尔伯格在他的《疯狂、惊恐和崩溃——金融危机史》就指出,任何泡沫经济和金融危机的发生都经过"疯狂—恐慌—崩溃"三个发展阶段。危机前一般都呈现出经济景气态势,人们对经济前景乐观,因此出现投资膨胀和信贷扩张。乐观者都会振振有词,认为经济自然有泡沫,泡沫是正常的。然而历史在不断重复着一条简单的规律:危机之前群体狂热,不相信危险;一旦到了临界则信心动摇,产生强烈恐惧;之后危机爆发,泡沫破灭,破产、萧条、失业、贫困紧随。无论是南海泡沫还是密西西比泡沫,无论是1929年的股市崩盘,还是1992年的欧洲货币危机,还是1997年的亚洲金融风

---

① 陈彩虹:《亚洲金融危机十年祭》,载《书屋》,2007年第12期。

暴,其疯狂—惊恐—崩溃的过程如出一辙。① 金融危机的历史,正是在金钱人格和贪婪本性驱动下"大众恐慌或者说是集体的歇斯底里"的市场非理性的重复上演。

(三) 马克思货币哲学与消费主义

随着经济全球化和跨国资本全球化时代的到来,消费主义成为现代社会以来西方资本主义发展的显著社会特征之一。对消费主义、消费社会的分析与批判成为当代许多社会理论家关注的焦点。但是,与列斐伏尔、鲍德里亚、德波等现代社会批判理论家们不同,马克思是坚定地站在从生产过程来解释消费过程的理论高度上的。而货币作为生产过程中的一种社会关系与消费现象密切相关。从根本意义上说,具有资本性质的现代货币催生和助长了消费主义。

首先,资本的现代逻辑是以货币为其起点、以商品为其中介、以货币为其终点的,其目的不是商品的"庞大堆积",而是作为相对剩余价值形式的货币的"庞大堆积"。因此,马克思指出,相对剩余价值的生产必然导致消费的扩大,"生产相对剩余价值,即以提高和发展生产力为基础来生产剩余价值,要求生产出新的消费;要求在流通内部扩大消费范围,就像以前扩大生产范围一样。第一,要求扩大现有的消费量;第二,要求把现有的消费量推广到更大的范围,以便造成新的需要;第三,要求生产出新的需要,发现和创造出新的使用价值"②。显然,相对剩余价值生产要以消费量的扩大和新的消费方式的创造为前提。如果没有新的消费,包括增加消费的数量、扩大消费范围、创造新的消费方式等,新的生产部门所生产的使用价值就得不到社会的承认。这样,相对剩余价值也就无法实现。所以,"在追求更多资本积累过程中,资本家总是力图在经济生活中的所有领域把越来越多的社会过程加以商品化"③。资本对现代社会的渗透是一种积极主动的塑造过程,通过万物商品化构造出一个消费主义社会。

---

① [美] 查尔斯·金德尔伯格:《疯狂、惊恐和崩溃——金融危机史》,朱隽、叶翔译,中国金融出版社2007年版。
② 《马克思恩格斯全集》第30卷,人民出版社1995年版,第388页。
③ [美] 伊曼纽尔·华勒斯坦:《历史资本主义》,路爱国、丁浩金译,社会科学文献出版社1999年版,第3页。

它通过现代的大众媒介制造了一种消费主义文化和以消费为核心的生活方式，通过花样不断翻新的消费品使人们陷入无止境的消费追逐中，从而使资本的意志转化为消费主义的社会追求。"流通、购买、销售，对作了区分的财富及物品、符号的占有，这些构成了我们今天的语言，我们的编码，整个社会都依靠它来沟通交流。"① 人们在消费中通过参与商品的再生产，也就参与了社会关系的再生产，最终保证了资本的增殖、运转和存续。

其次，在消费活动中，以货币为媒介的商品与服务的交易以表面的公平与平等掩盖了实质的剥削与对立的社会阶级关系，并且造成拜物教的虚假观念。在《1857—1858 年经济学手稿》中，马克思深刻地指出："资本同（资本主义前的）统治关系的区别恰恰在于：工人是作为消费者和交换价值实现者与资本相对立，是作为货币所有者，作为货币，作为简单的流通中心——他是无限多的流通中心之一，在其中作为工人的规定性便消失了。"② 也就是说，货币流通与交换的一个特殊本领就在于能够建构一种表象：使工人自认为是一个处于平等交换关系中的消费者。当然，马克思把这种现象指认为只是一种"错觉"。他认为，从资本主义交换关系的一开始，所谓的平等交换关系就不存在，"事实上这种平等已经被破坏了，因为这种表面上的简单交换是以如下事实为前提的：他是作为工人同资本家发生关系，是作为处在与交换价值不同的独特形式中的使用价值，是同作为价值而设定的价值相对立；也就是说，他已经处在某种另外的在经济上具有不同规定的关系中了——在使用价值的性质，商品的特殊使用价值本身都是无关紧要的那种交换关系之外"③。因此，在马克思眼中的社会主体必然不可能是以个体身份而存在的消费者，而是负载着特定生产关系的阶级主体。这一主体的意识形式必然受制于由其阶级身份所体现出的现实生产过程的特点。马克思在《1861—1863 年经济学手稿》中指出，在资本的"外部生活关系"的层面，资本的生产过程具有"总是同资本的流通过程联系在一起的"

---

① [法] 波德里亚：《消费社会》，车槿山译，南京大学出版社 2001 年版，第 71 页。
② 《马克思恩格斯全集》第 30 卷，人民出版社 1995 年版，第 404 页。
③ 《马克思恩格斯全集》第 30 卷，人民出版社 1995 年版，第 243 页。

特点，正是这一特点使资本的本质总是以虚假的形式表现出来，好像"在这种关系中，互相对立的不是资本和劳动，而是一方面是资本和资本，另一方面是处在简单流通关系中的各个个人，商品所有者即买者和卖者……资本和雇佣劳动的彼此对立所采取的最初形式仿佛消失了，而产生出仿佛与这一形式无关的关系"①。正是在这一意义上，马克思说："在资本的关系中……具有本质特征的是神秘化，是被歪曲的世界即主客体的颠倒，就像在货币上所表现出来的那样。由于这种被歪曲的关系，必然在生产过程本身中产生出相应的被歪曲的观念，颠倒了的意识，而这些东西由于流通过程本身的变形和变态而完成了。"②当资本主义生产过程处于繁荣状态的时候，上述这种颠倒和神秘化的过程就会很容易发生，雇佣工人的观念拜物教就是由此而来的。

第三，货币作为实现消费的能力表现，作为一种财富与享用的符号形式，把人们带入一个虚拟享用的世界，并在虚拟享用的推动下实际地消费、享用，甚至奢侈与浪费。马克思指出："消费的能力是消费的条件，因而是消费的首要手段，而这种能力是一种个人才能的发展，生产力的发展。"③ 在现代社会，通过分配而获得的货币支付能力是消费能力的重要表现。因为没有货币的需求是"纯粹观念的东西，它对我、对第三者、对另一个人是不起任何作用的，是不存在的……货币是一种外在的，并非从作为人的人和作为社会的人类社会产生的、能够把观念变成现实而把现实变成纯观念的普遍手段和能力"④。货币的这种现实与观念的互变能力在虚拟享用或象征性消费中得到鲜明体现。人们经常购买一些实际上并不需要的东西，究其原因，是货币的虚拟性促使人们产生了某些心理联想，激发了其购买的欲望。消费者消费某种品牌商品的根本动机并不是满足其基本的生理需求，而是希望通过占有、使用该品牌的商品来获得某种个性、形象或者向社会中其他个体传递某种特定的信息。这种消费欲望的主要内

---

① 《马克思恩格斯全集》第32卷，人民出版社1998年版，第412—413页。
② 《马克思恩格斯全集》第32卷，人民出版社1998年版，第414页。
③ 《马克思恩格斯全集》第31卷，人民出版社1998年版，第107页。
④ 马克思：《1844年经济学哲学手稿》，人民出版社2000年版，第144—145页。

容往往体现为消费者在花费金钱、使用某种商品的过程中所产生的美好的对自身存在的意识和体验。在这里，货币已经演变成了体现一切价值的符号和计算一切价值的标尺。弗罗姆用生动的语言描绘了货币所带来的虚拟享用现象："如果我有钱，即使我对艺术没有鉴赏力，我也可以得到一幅精美的绘画；即使我不懂音乐，我也可以买最好的留声机；我可以买下一座图书馆，尽管只是为了炫耀之用；我可以买学问，尽管除了作为附加的社会资产之外这学问别无他用。我甚至可以毁掉买来的绘画或书籍，因为除了金钱损失之外，我一无所失。只是有了钱我就有了权，得到我所喜欢的任何东西并随意处置它们。"① 消费者为了消费而消费，商品失去本来的社会价值，成为金钱文化的依附品。唯其如此，人们在虚拟享用中对愉悦的预先勾画往往表现在对金钱、货币的预先谋划上，货币拜物教使原本固着在物、人和神方面的意义追寻不得不改变方向，投向对货币的追寻。"人们将货币——一种获得其他物品的纯粹的手段——看作一件独立的物品；货币的整个意义只是作为过程，只是作为通向一个最后目标和享用的一系列步骤中的一个环节，如果在心理上这一系列步骤中断在这一环节上，我们对目标的意识就会停留在金钱上。大多数的现代人在他们生命的大部分时间里都必须把赚钱当作首要的追求目标，由此他们产生了这样的想法，认为生活中的所有幸福和所有最终满足，都与拥有一定数量的金钱紧密地联系在一起。在内心中，货币从一种纯粹的手段和前提条件成长为最终的目的。而一旦达到了这个目的，又会无数次出现那种致命的无聊和失望……目标为手段所遮蔽，是所有较高程度的文明的一个主要特征和主要问题。"②

---

① [美] 弗罗姆:《健全的社会》，蒋重跃等译，国际文化出版公司2003年版，第107页。
② [德] 西美尔:《金钱、性别、现代生活风格》，顾仁明译，学林出版社2000年版，第10页。

中编　西方货币哲学思想

一、自然哲学的货币理念：论货币经济与早期希腊哲学的关系

按照雅斯贝尔斯的说法，早期希腊哲学的诞生和繁荣是人类"轴心时代"的一次巨大的精神突破。它摆脱了神话和宗教世界观的束缚，对宇宙的起源和各种自然现象做出了充满创造性的、实证精神的、世俗的解释，成为西方文明的一大思想渊源。因此，早期希腊哲学起源的社会历史条件，也成为西方哲学史、思想史所无法回避的重大问题。"这些创新与什么因素有关？它们为什么能在希腊世界中产生？要回答这些问题，就必须探讨引导希腊从迈锡尼王宫文明走向城邦的社会天地和精神世界的全部条件。"① 历代哲学史家已经从古希腊的宗教、神话、地理环境、民主政治等诸多方面探究了这些问题。本文力图在此基础上，从货币的诞生与货币经济的视角出发，探究货币对早期希腊哲学的起源与特征的影响。

（一）早期希腊货币与货币经济

历史学和考古学资料表明，可确认的铸币形态的最早货币出现在公元前7世纪的半希腊、半亚洲的吕底亚王国（Lydia）。从这一区域开始，货币向东达到波斯，向西达到了希腊，"从公元前6世纪早期开始，铸币的传入使得希腊世

---

① ［法］韦尔南：《希腊思想的起源》，秦海鹰译，生活·读书·新知三联书店1996年版，第4页

界的交换更容易进行"①。此后不久,希腊发现储量丰富的银矿,为大量铸造货币提供了充足的贵金属来源,也促进了商品货币经济的发展,"这些矿源是古典时代贵金属的最令人瞩目的来源,为雅典的民事与军事活动提供了无可竞争的财务基础。富有的雅典人通过承租获取开采矿层的特许权,为个人赚取财富,并在很大程度上促进了雅典的经济发展"②。在希腊货币经济的发展中,政治力量也起到了重要作用。著名的梭伦改革的一个重要内容是改革币制,发行新的含银量较轻的货币以代替较重的旧货币。币制的改革和统一极大方便了商品交换和贸易活动,并促进了银钱兑换、信贷等金融业的发展。同时,希腊的对外贸易发达,海上的贸易交往和商品交换频繁,推动了希腊的货币经济的发展。因此,在丰富的贵金属矿藏、政治力量的支持、对外贸易的扩张等因素的共同作用下,希腊迎来了一个成熟的、繁荣的货币经济时代,"货币的发明和广泛使用,必须算作这种经济活动最有力的原因之一"③。因此,英国著名历史社会学家迈克尔·曼认为,在公元前 6 世纪,希腊雅典"开始了最早的货币经济"④。

铸币的推行与货币经济的发展对古希腊社会生活产生了巨大影响。首先,铸币的使用,标志着对早期货币形式如工具和牛的一个巨大进步。铸币比仅具交换价值而无贵金属的内在价值的工具易于得到更广泛的接受。铸币是一种在账目单位计算上和交换手段上都远比牛等实物货币更为方便的货币。其次,铸币的引入标志着一个以实物形态持有财富的时代的结束,如土地、牛。这些实物,要么无法无穷积累,要么不经久耐用。通过使一种比高价值的金条银块更能获得稳步积累的资产变得可以利用,铸币制度有力刺激了财富的积累。第三,货币的影响在政治生活中得到加强。梭伦政治改革的一个基本原则就是以个人拥有财富的多寡作为参政的基础,从而剥夺了以往贵族的统治特权,扩大了政

---

① [英] 卡特里奇:《剑桥插图古希腊史》,郭小凌等译,山东画报出版社 2005 年版,第 193 页。
② [英] 卡特里奇:《剑桥插图古希腊史》,郭小凌等译,山东画报出版社 2005 年版,第 39 页。
③ [法] 杜丹:《古代世界经济生活》,志扬译,商务印书馆 1963 年版,第 69 页。
④ [英] 迈克尔·曼:《社会权力的来源》第 1 卷,刘北成译,上海人民出版社 2002 年版,第 263 页。

权的民主基础。第四，货币的用途在社会生活中也得到极大扩展。在梭伦颁布"债务解除令"中，就禁止以人身为担保的借贷，允许以货币作为人身伤害的赔偿。"财富代替了贵族的所有价值，它能使人得到一切：婚姻、荣誉、特权、声望、能力。从此，金钱最重要，金钱造就人"①。总而言之，货币经济的发展凸现了货币在希腊社会中的重要作用。金钱不仅可以无限地积累财富，而且可以改变人的政治地位；不仅可以交换到所有其他物品，而且可以提升人的价值。货币成为人们追逐的目标，成为社会生活中一种强大的支配性力量。正如恩格斯在评论货币经济对希腊城邦的作用时所言："日益发达的货币经济，就像腐蚀性的酸类一样渗入了农村公社的以自然经济为基础的传统的生活方式……但是当人们发明货币的时候，他们并没有想到这样一来他们就创造了一种新的社会力量，一种整个社会都要向它屈膝的普遍力量。这种未经它自身创造者的预知并违反其意志而突然崛起的新力量，就以其全部青春时代的粗暴性使雅典人感到它的支配了。"②

(二) 货币的哲学属性

货币经济的繁荣和货币的巨大支配性力量逐渐彰显出货币这一新的社会产物与其他物品不同的独特属性。与所有其他商品相比，货币具有同质性的力量。货币是"一"，在商品交换中作为绝对抽象等价物的体现。货币同质性的一个方面表现为一个单一的物能衡量和交换所有其他的物，这又表现出货币的"多"。亚里士多德注意到，货币的同质性使得物品可以共度，使得它们相等，"货币是使得所有物品可以衡量和可以平等化的唯一尺度"③。货币还使它的使用者同质化。首先它使得商业交换关系从其他社会关系中脱离出来。两者的唯一关系就是商品交换关系。从这种关系看，双方相互都是等同的。亚里士多德也注意到货币的相等化，不仅仅是货物，而且是交换双方，"因为交易不是发生在两个医

---

① ［法］韦尔南：《希腊思想的起源》，秦海鹰译，生活·读书·新知三联书店1996年版，第71页。
② 《马克思恩格斯选集》第4卷，人民出版社1995年版，第109—111页。
③ ［古希腊］亚里士多德：《尼各马可伦理学》，廖申白译注，商务印书馆2003年版，第145页。

师之间,而是发生在一个医师和一个农夫之间,总起来说,发生在两个不同的、不平等的人之间,而他们必须在交易上达到平等"。①

货币的同质性蕴涵着它的非个人性。货币的同质性使得它不与任何个人的属性相联系。通过清除所有的个人属性,货币因此能与任何人交换任何物品,并对所有非货币的个人关系保持中立。物物交换需要合作的知识和个人的信任,因此它依赖于长期的持续的甚至制度化的个人关系和交换情景。而货币交易则解除了这种个人关系,使得人能与任何陌生人交易。货币倾向于促进一种无限的无区分的交换网络。这种交换网络超越了有限定的个人关系,诸如家庭、社会等级等。

因为不同事物都可以用一种单一物来衡量和交换,货币成为普遍性的目的。人们从事交换活动的主要目的就是获取货币收入。亚氏观察到一些人会把所有的能力,例如军事作战本领和医术转化成致富的技术,"投身于赚钱的事业"②。货币既是作为普遍的目的,也是作为普遍的手段出现的。货币不仅仅是获取大量商品和服务的简便手段,而且它也是获取至高的神的良好意愿的手段,"古代朝圣的目的之一就是拜访闻名的希腊德尔菲神殿……人们从四面八方赶来向德尔菲神殿求教来自神灵的消息。只有在付了钱,祭祀了牲口之后,求神者才被带到神殿的内堂"③。

前面的特性已经显示出货币的无限力量。货币的无限性表现在它的能力以及对它的渴望上。货币不仅仅是无限欲望、无限积累的对象,而且本身就是无限。因为它本身没有价值,就是交换,能够无限交换,处于无限交换的过程中。亚氏将货币生产看作是财富和富足的无限,"企图由贩卖致富的人们就在求取上面所涉及的那种虚拟的财富,即钱币,那是没有限度的"④。亚氏还认为人们的

---

① [古希腊]亚里士多德:《尼各马可伦理学》,廖申白译注,商务印书馆2003年版,第143页。
② [古希腊]亚里士多德:《政治学》,吴寿彭译,商务印书馆1965年版,第29页。
③ [美]泰德·克劳福德:《钱的秘密生活》,罗汉、丁洁译,上海人民出版社2003年版,第29页。
④ [古希腊]亚里士多德:《政治学》,吴寿彭译,商务印书馆1965年版,第28页。

财富无限的观念也可能来自货币,"世人对财富没有止境的观念是从这第二类的致富方法(赚钱的技术)引出来的"①。

货币的能力和欲望是如此强大,以至于能够抹平好与坏的差别,或者说可以将不同对立面结合起来。货币能使得一个好人变坏,使得一个坏人变好。德谟克利特认为一个有钱人如果给穷人一笔钱,"则结果马上就会有恻隐之心、团结、友爱、互助、公民之间齐心协力以及其他许多无人能数得尽的好处"②。因此,货币具有将事物向它的对立面转化的能力。更进一步说,作为交换媒介,货币自身看上去能变换成其他任何事物,甚至它的对立面、反面。

货币始终处于永恒的运动状态。它在各种商品、各个人群、各个城邦之间不断流动,"人间再没有像金钱这样坏的东西到处流通的"③。但同时,在这流通中,在不同的商品交换中,货币本身保持不变。货币体现了动与静的统一。货币体现的价值是同质性的、抽象的,然而这种价值是通过具体的各种商品形态表现出来的。货币是抽象与具体的统一。

早期希腊发达的商品交换和货币经济使得货币所具有的同质性、统一性、非个人性、普遍性、无限性以及所体现出来的一与多、对立面统一、动与静、抽象与具体的辩证关系在人们的社会生活中得以展现。虽然当时的人们还未能将货币的这些哲学属性提升到系统的理论高度,但是在人们的日常社会生活中,必然会觉察、感知、理解到货币的种种独特属性。例如,当时的希腊人已经从大量的商品货币交换中感觉到这交换背后的某种一致性、规律性,"在希腊人眼里,财神普卢托斯(Ploutos)确实具有一种命定性"④。

而当早期希腊哲学家们试图去发现混沌表象背后的秩序,去发掘宇宙现象背后的统一性时,他们往往是以身边的日常经验和熟悉的社会生活去投射,去

---

① [古希腊] 亚里士多德:《政治学》,吴寿彭译,商务印书馆1965年版,第25页。
② 北京大学哲学系:《古希腊罗马哲学》,生活·读书·新知三联书店1957年版,第120页。
③ [古希腊] 索福克勒斯:《安提戈涅》,见罗念生:《论古希腊戏剧》,中国戏剧出版社1985年版,第56页。
④ [法] 韦尔南:《希腊思想的起源》,秦海鹰译,生活·读书·新知三联书店1996年版,第72页。

解释不熟悉的宇宙世界。正如韦尔南所言,早期希腊人习惯于把社会生活中感觉到的秩序的观念,"投射在自然世界上"①。因此,我们可以推测,人们生活中日常的、熟悉的货币所具有的种种哲学属性,作为一种生活感觉而被抽象化,投射到宇宙观中,使得早期希腊哲学所构建的自然哲学观具有某种货币的属性。

(三) 自然哲学中的货币理念

作为第一个西方哲学家的泰勒斯,第一次提出了"什么是世界的本原"这个有意义的哲学问题,并且他借助于经验观察和理性思维,给出了"水是万物的本原"的回答。泰勒斯的水,本身意味着"一",同时它又表示流动、变幻的性质。我们可以把"水"视为对城邦中货币的特性的描述,即货币的统一性与流动性。货币的统一性体现为抽象交换价值的"一",然而,这个"一"并非是指货币可以为一人一家一族所独有,而是流动于不同的人群、不同的地域和民族。水生成、滋养万物,就如同货币交换其他所有物品一样。泰勒斯的水本原所具有的货币特性可能与他生活的地区以及他从事的商业活动有密切关系。当时的米利都是沟通欧亚非贸易的重要的工商城市,货币交换频繁,"这个城市的财富和奢华为整个希腊世界所尽知,商人们因财源茂盛,利润滚滚,因而对许多偏远地区的企业和城市本身贷出许多金钱……在这种富于激励性环境中,希腊发展了它对于世界最特殊的两种礼物——科学和哲学。贸易枢纽就是思想交换场所、敌对习惯及信仰的摩擦场;由分歧产生矛盾、比较和思想;多种迷信相继消失,于是理性逐渐开始"②。泰勒斯在这里曾从事商业活动,并获取了大量的金钱。亚里士多德在《政治学》和拉尔修都提到泰勒斯运用星象学知识,通过预测油橄榄的收成,垄断油坊的榨油设备,"由此获得大量金钱,向世人证明哲学家不难致富,只是他的志趣却不在金钱"③。

普鲁塔克在《梭伦传》中也肯定在梭伦和泰勒斯的那个时代,经商赚钱是

---

① [法] 韦尔南:《希腊思想的起源》,秦海鹰译,生活·读书·新知三联书店1996年版,第95页。
② [美] 威尔·杜兰:《世界文明史·希腊的生活》(上),幼狮翻译中心编译,东方出版社1998年版,第173-174页。
③ [古希腊] 亚里士多德:《政治学》,吴寿彭译,商务印书馆1965年版,第35页。

一种光荣的活动,"商人的行业实际上是被人认为光荣的,因为它使人熟悉外国的地方,使人能够和外国国王交朋友,并且使人获得很多世务的经验……据说泰勒斯曾经经商,数学家希波克拉底也是如此,而柏拉图在旅行埃及的时候,是以卖油来筹集旅费的"①。普鲁塔克的记载说明当时希腊本土和伊奥尼亚等地商业盛行,从事商业的人有较高的社会地位。泰勒斯的水本原说,很可能同他与商品货币经济的关系有关。

泰勒斯的学生阿那克西曼德解释世界本原的"无定"(apeiron)同样具有货币的许多特点。例如,"无定"变换为万物,万物又复归于"无定","万物由之产生的东西,万物又消灭而复归于它,这是命运规定了的"②。如同货币能交换到所有商品,所有商品又都复归于货币;"无定"既是一,又是多,货币既可以被看作是单一实体,又可以被看作体现在各种商品中;"无定"不是永恒的实体,而是处在永恒的运动中,"这个包容一切世界的始基是永恒的和无始无终的,此外还有永恒的运动,在这永恒的运动中产生出天"③。货币也始终处在商品流通的过程中,与商品不断地进行交换;"无定"围绕万物又驾驭万物,货币围绕商品和交易,又规范商品和交易;"无定"和货币都是非个人性的;"无定"是无限的,货币在量上也是无限的;"无定"内在的是无差别、无区分的,货币本质上也是同质的;"无定"是抽象的,不可感知的,货币既是具体的又是抽象的,既是可见的又是不可见的。

米利都学派之后的毕达哥拉斯学派的数本原说也与他们从事商品货币活动有内在联系。著名哲学史家汤姆逊和格思里(Gathrie)都持这种观点。他们很重视货币史家塞尔特曼(C. T. Seltman)关于毕达哥拉斯与铸币的关系的看法。塞尔特曼对希腊古钱币做过专门的考证研究,他认为南意大利最早出现的铸币同毕达哥拉斯有不可分的联系。"居住在萨摩斯的宝石雕刻家内撒库斯生有一位

---

① [古希腊]普鲁塔克:《希腊罗马名人传》上册,陆永庭、吴寿彭译,商务印书馆1990年版,第168页。
② 北京大学哲学系:《古希腊罗马哲学》,生活·读书·新知三联书店1957年版,第7页。
③ 北京大学哲学系:《古希腊罗马哲学》,生活·读书·新知三联书店1957年版,第7页。

赫赫有名的儿子毕达哥拉斯。他擅长于金属工艺、数学和音乐，又是一位深沉的思想家。他大约是在公元前 535 年离开本乡前往克罗通的，在那里他设计了一种铸币，创立了一种哲学，建立了毕达哥拉斯的兄弟会。这个集团不久就在好些繁荣的城邦中取得政权，同时在有些城邦中出现了和克罗通性格相同、只是面貌不同于其他希腊货币的铸币。"① 塞尔特曼认为这些铸币象征着毕达哥拉斯学派的对立面统一的学说。因为这些铸币正反两面图形相同，只是一阴一阳，方向相反，"这些铸币的正面有阳文的国徽，并在一圈圆周形的边纹内镌有城邦的名称，它的反面有同样的图形，只是成阴文的"②。汤姆逊从这里得到一个重要看法，即认为毕达哥拉斯学派所代表的是新兴富有的工商阶级。格思里也同意塞尔特曼和汤姆逊的观点。他认为，是毕达哥拉斯把统一的铸币引入克罗通和其邻近的南意大利城邦，并设计了这些图形，从而产生了这里最早的货币。除此之外，格思里还引用了希腊音乐家阿里斯多克森的两个记述作为有力的旁证。阿里斯多克森说，毕达哥拉斯"赞美和推动数的研究超过了别人，从商业转向数，并把一切看成数"，又说毕达哥拉斯是最早把称和尺介绍给希腊人的人。因此，格思里得到如下看法：毕达哥拉斯的学说与他们从事商业贸易有强有力的联系。③

事实上，人们对事物的量的注意当然早就有了，但是要形成一种社会公认的标准尺度，形成一种关于物的抽象的数量观念，还需要有更强有力的社会实践做基础。这种动力在文明初期的希腊人这里出现了，它就是商品交换关系和货币关系的迅速发展和扩大。商品交换的历史活动本身创造了一种抽象物，这是从一切商品物里提炼出来的一种抽象的商品：货币。于是人们才获得了相应的抽象的数的观念；"从思想方面来讲，正式的货币用法币（nomisma）这个抽

---

① ［英］汤姆逊：《古代哲学家》，何子恒译，生活·读书·新知三联书店 1963 年版，第 282 页。

② ［英］汤姆逊：《古代哲学家》，何子恒译，生活·读书·新知三联书店 1963 年版，第 282 页。

③ Guthrie, *A History of Greek Philosophy*, Vol. 1, Cambridge: Cambridge University Press, 1978, pp. 174 – 178.

象概念取代了财富的旧形象……而法币是价值的社会标准，是一种理性的方法，通过它可以在各不相同的现实之间建立共同的尺度，并使交换中的社会关系平等化"①。因此，把毕达哥拉斯派同商品交换和货币联系起来，对说明他们的世界观主张采用"数"作为万物的本原，能提供一种有力的解释，一个必要的历史条件根据，"毕达哥拉斯同铸币、秤和尺以及商业既有这样重要的联系，并在发展这些形式上起过重要历史作用，那么，他能提出'数是本原'的哲学就是可以理解的，至少是一个基本原因所在"②。基于这样的类比和推测，我们还可以在巴门尼德的是者（being）的唯一性、完满性、抽象性中，在普罗塔哥拉的"人是万物的尺度"的命题中都可以发现货币的种种属性。

在泰勒斯、阿那克西曼德、毕达哥拉斯的残简中，我们找不到他们对货币的论述，因此，我们只能推测货币对其思想的影响。而爱利亚学派的最早的哲学家克塞诺芬尼（Xenophanes）谈到了钱币，认为是"吕底亚人最先铸造钱币"③。货币的特性也反映在克塞诺芬尼的理神论中。克塞诺芬尼的神是唯一的、非个人性的、永恒的、生成所有事物的本原。这些都是货币所具有的特性。而且与"无定"相比，克塞诺芬尼的神还有两个特点。一是神是自足的，它不需要因为外在目的而运动，"神永远保持在同一个地方，根本不动"④。拥有货币的人也是自足的，他能满足自己的所有需要，而不必求助于他人。二是神是全知全能的，是所有事物的等价物。拥有货币的人的感觉也是全能，能够操控其他所有的人与物。

虽然我们可以推测泰勒斯、阿那克西曼德、毕达哥拉斯、克塞诺芬尼等人对其宇宙观的阐释带有货币的特性，但是他们没有直接将宇宙观与货币联系起来分析。而在其后的赫拉克利特的著作中，我们发现了他明确地将世界的生成与商品交换、货币直接联系起来论述。首先是货币与火本原论。赫拉克利特说：

---

① ［法］韦尔南：《希腊思想的起源》，秦海鹰译，生活·读书·新知三联书店1996年版，第82页。
② 杨适：《哲学的童年》，中国社会科学出版社1987年版，第122页。
③ 北京大学哲学系：《古希腊罗马哲学》，生活·读书·新知三联书店1957年版，第46页。
④ 北京大学哲学系：《古希腊罗马哲学》，生活·读书·新知三联书店1957年版，第47页。

"一切事物都换成火，火也换成一切事物，正像货物换成黄金，黄金换成货物一样。"① 赫拉克利特一向言简意赅，微言大义。在这里，贵金属货币在商品交换中作为普遍交换媒介的作用，就相当于火在赫拉克利特宇宙观中的核心作用。火生成万物，万物复归于火，就像货币交换商品，商品追求货币一样。其次是货币与逻格斯。赫拉克利特的名言"万物皆流"也符合当时希腊的一句民谚"金钱是在人间川流不息的"。② 货币与商品之间的有序流动的背后似乎存在着某种协调的、和谐的规律，所以"看不见的和谐比看得见的和谐更好"。③ 货币交换体现出一种市场自发的和谐，正如现代经济思想史家所言："我们的自我调节的市场的概念便可以在赫拉克利特的哲学中找到根源"。④ 赫拉克利特对"逻各斯"（logos）概念的理解可能也带有对这种货币交换规律的感知。"逻各斯"就像货币一样，将所有的事物与人结合成一个单一的抽象系统，在这个系统里面生成、转化万事万物。第三是货币与生成的辩证法。按照逻各斯的原则，一切事物都处于永恒的生成变化状态。事物无时无刻不向自己的对立面转化。在逻各斯的作用下，对立的状态或相反的性质共存，产生出和谐。货币的超越性的力量同样能将各种不同事物结合起来，将对立的双方结合到一个交易关系中。通过这种货币交易关系，而不是通过暴力的掠夺，就能够顺利满足双方的不同的需求，从而达到社会关系的稳定与和谐，"互相排斥的东西结合在一起，不同的音调造成最美的和谐"⑤。货币本质的辩证法蕴涵着逻各斯的辩证法。

（四）结语：货币与早期希腊哲学关系的现代意义

早期希腊哲学的许多基本问题，例如一与多、运动与静止、抽象与具体、对立统一等辩证关系都可以在货币经济生活中找到原型。这表明，"希腊哲学不

---

① 北京大学哲学系：《古希腊罗马哲学》，生活·读书·新知三联书店1957年版，第27页。
② ［英］汤姆逊：《古代哲学家》，何子恒译，生活·读书·新知三联书店1963年版，第258页。
③ 北京大学哲学系：《古希腊罗马哲学》，生活·读书·新知三联书店1957年版，第23页。
④ ［美］亨利·斯皮格尔：《经济思想的成长》，晏智杰等译，中国社会科学出版社1999年版，第10页。
⑤ 北京大学哲学系：《古希腊罗马哲学》，生活·读书·新知三联书店1957年版，第19页。

过是希腊人的实际历史运动在思想上的最高的自觉表现"①。早期希腊哲学能够从神话世界观中分离、独立出来,得以产生和发展,不仅仅是思想自身演进的结果,也源于希腊社会现实的发展。因为人们对事物和世界的认识和理解,绝不是单凭思维的抽象力实现的。人们发现和认识物的规定性,是同利用它们,使之对人有用分不开的,并不是静观的而是能动的、实践的。也就是说,是人们利用和改造物的实际历史过程的产物。对此,马克思指出:"人怎样表现自己的生活,他们自己就怎样,因此,他们是什么样的,这同他们的生产是一致的——既和他们生产什么一致,又和他们怎样生产一致。"② 因此,哲学对现实世界的观照和诠释,总是不能离开社会生活和生产实践。

当前,以倡导哲学与经济学和现实的经济活动结盟的经济哲学研究方兴未艾。在经过对经济哲学的学科性质、研究内容、研究方法等元理论的热烈讨论后,如何通过对经济哲学的重大个案问题的研究进一步深化经济哲学,成为下一阶段的经济哲学研究的理论突破点。③ 而货币与早期希腊哲学的互动关系生动地反映了经济活动背后所蕴藏着的哲学思想的"支援意识"对哲学所产生的深远影响。它启示我们,要大力发掘、研究现代货币、市场、金融等经济现象和经济活动所折射出来的重大哲学理念。因此,对货币与早期希腊哲学的关系研究以重大个案问题的形式,有助于推进经济哲学向纵深方向发展。

二、西美尔《货币哲学》的方法论及其现代意义

自西美尔的经典著作《货币哲学》问世一百多年来,有关其研究货币的方法论问题的争论就持续不断。迪尔凯姆斥责《货币哲学》的"综合卷"毫无分

---

① 杨适:《哲学的童年》,中国社会科学出版社1987年版,第68页。
② 《马克思恩格斯选集》第1卷,人民出版社1995年版,第25页。
③ 余源培、荆忠:《寻找新的学苑——经济哲学成为新的学科生长点》,上海社会科学院出版社2001年版;张雄:《货币:一种哲学向度的思考》,载《哲学动态》,2003年第8期。

析、全无逻辑,"能演绎出最概括性的内容我们就相当满足了"①。经济学家阿尔特曼（Altmann）认为,《货币哲学》乃是"西美尔的社会心理学探究的关键",提供了"对生命的相当深刻的心理学解释"②。著名西美尔研究专家弗雷斯比对《货币哲学》提出一种美学解释,认为西美尔采用了大量美学的类比方法。③ 晚近的格林（Green）则不同意弗雷斯比的看法,他在《货币哲学》中发现了一种辩证的、反思的和解构主义的方法。④ 上述学者的见解从一个侧面反映出西美尔的《货币哲学》的方法论是一个开放的问题,还有进一步研究和探讨的必要。因此,本文将从《货币哲学》的文本入手,就其方法论问题提出一种新的观点,以求教于方家。

（一）《货币哲学》的方法论

在《货币哲学》的前言中,西美尔就相当清晰地阐述了《货币哲学》的方法论,即他对哲学与其他社会科学研究的关系的论述。一开篇,西美尔谈到,任何一个研究领域都有两条界线：一条是底线,一条是上限。所谓底线,就是"认知的普遍前提条件"。这些认知的普遍前提条件,就像每个具体科学中的公理一样,是不可能在本身领域之中把对前提条件的描述和检验转换成一门更为原则性的科学的。但是如果具体科学没有这些实质性的、方法论性质的前提的话,就寸步难行。这时,具体科学就需要借助哲学,因为"哲学就是描述和检验这些前提条件"⑤。而所谓上限,就是要将零碎的实证知识接合成一幅完整的"世界图景",并揭示出精神意义。用西美尔的话说："其上限就在于,实证知识从来残缺片断的内容试图通过明确的概念修补成一幅世界图景,并力图关联到

---

① E. Durkheim, "Review of Georg Simmel'Philosophie des Geldes", in D. Frisby (ed), *Georg Simmel: Critical Assessments*, Vol. 1, Routledge Press, 1994, p. 159.

② S. P. Altmann, "Simmel's Philosophy of money", in D. Frisby (ed), *Georg Simmel: Critical Assessments*, Vol. 1, Routledge Press, 1994, p. 130.

③ ［英］弗雷斯庇:《论西美尔的〈货币哲学〉》,见西美尔:《金钱、性别、现代生活风格》,顾仁明译,学林出版社2000年版,第232页。

④ Bryan. S. Green, *Literary Methods and Sociological Theory: Case Studies of Simmel and Weber*, The University of Chicago Press, 1988, p. 175.

⑤ ［德］西美尔:《货币哲学》,陈戎女译,华夏出版社2002年版,第1页。

生活的整体……臻于完美的经验也不能取代哲学作为对实在的一种意义阐释、着色与对个人性的强调。"① 因此，西美尔认为，当思想在这两条界线上运动时，思想就进入了"一种哲学形式"。

这一段论述简洁明了地勾勒了哲学与具体社会科学的关系。我们可以用图1来表示这一关系：

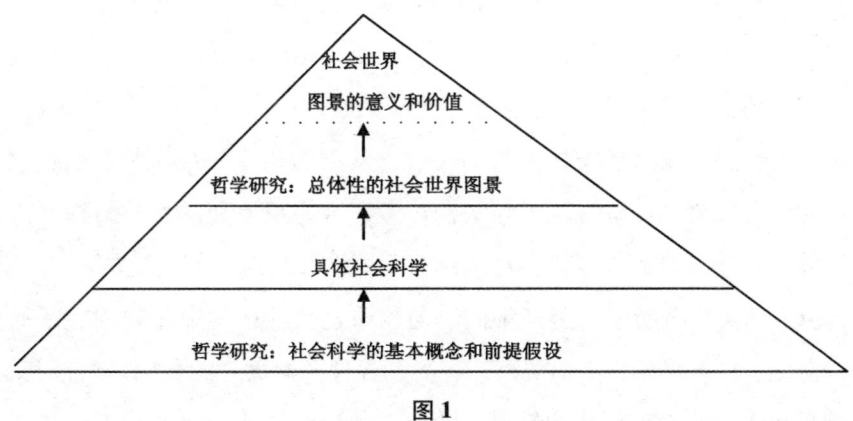

图1

（二）《货币哲学》的方法论的具体运用

接着，西美尔就从这一对哲学与社会科学关系的界定出发，开始进入对货币的具体研究。西美尔首先讨论的不是货币的本质与职能，而是决定货币的本质与存在意义的前提条件，即"表现货币是在哪些前提条件——它们被置于精神状态、社会关系、实在与价值的逻辑构造之中——下获得其意义及其实际的位置"②。对于货币存在并起作用的前提条件，西美尔没有从历史起源的角度予以说明，而是从哲学思辨入手，讨论价值、实在、交换与货币的关系。西美尔认为，任何事物都有两个存在序列：实在序列和价值序列。两个序列之间是相互联系的。一个事物从实在序列上升到价值序列，或者说要有价值就必须通过交换。这里西美尔提出了他的"主观价值论"。按照他的逻辑推论，一种事物能

---

① ［德］西美尔：《货币哲学》，陈戎女译，华夏出版社2002年版，第1页。
② ［德］西美尔：《货币哲学》，陈戎女译，华夏出版社2002年版，第2页。

够满足人的主观欲望，那么它就是有价值的。人们进行交换，就是要交换到对方的东西来满足自己的欲望。因此，进入交换过程并能够保证交换完成的东西都是有价值的。货币本身的价值就是产生于交换过程中人们对于交换中介物的需要与认同。然后，西美尔从货币作为交换的中介物出发，详细阐发了货币的种种本质特性：无特质、无个体性的绝对客观性；由质料性向功能性、由功能性向符号性的转化；绝对量化性；由纯粹手段性向纯粹目的性转化。

在讨论了货币的本质及其前提条件后，西美尔就展开了对货币经济现象以及与它相关的社会文化现象、个体精神现象的具体的社会学、文化学分析："试图从诸种价值感、从与事物相对峙的实践、从人的相互关系作为其前提，去发展货币的历史现象、货币的观念与结构，考察这些现象和观念与结构对内在世界的影响：对个体的生命情感、对个体命运的链接、对一般文化的影响。"① 在这一部分，西美尔分析了很多琐细的、与货币这个纯粹的中介物相关联的社会经济、文化、精神现象，诸如贪财、吝啬、奢侈、禁欲式的贫困、血钱与罚金、买卖婚姻和嫁妆、卖淫、金钱婚姻、贿赂、信贷、司法、劳动分工，其中又特别涉及现代生活中个体的精神质态，如理智至上、算计特征、犬儒主义、乐极生厌的腻烦、傲慢冷漠等等。论述的层面极其广大：纵向从原始社会、古代社会推演至现代社会，横向则涉及社会、经济、心理、宗教、文化、法律等等。分析的视角也是各学科的交叉：社会学、社会心理学、文化学、历史学、乃至美学。

那么西美尔的这种对货币的具体分析会不会就是支离破碎的呢？会不会就是仅仅停留在对现象的描述上呢？② 回答是否定的。西美尔在前言中已经明确指出："货币只不过是手段、质料或实例，用以表现最表层的、最实际的、最偶然的现象与存在最理想的潜力之间的关联，表现个体生命与历史的最深刻的潮流之间的关联……因此，本书考察的整体并不在于对一种个别的知识内容的主张

---

① [德] 西美尔：《货币哲学》，陈戎女译，华夏出版社2002年版，第2页。
② [匈牙利] 卢卡奇：《历史与阶级意识》，杜章智、任立、燕宏远译，商务印书馆1992年版，第157页至158页。

及其逐渐累积的证据,而在于寻求那种可说明的可能性,即从生活的任何细节之中寻求生活意义的整体的可能性。"① 也就是说,他要在对货币的种种社会经济——文化现象分析的基础上,构建一个现代性的、整体性的社会世界图景及其形上意义。当然,这样的建构,是具体的经验研究所无法完成的。因为一方面经验知识是"短暂型态"的,零散的,另一方面精神层面的解释"在任何时代都是具有假设性意义的解释与人为的、从来无法彻底摆脱个人色彩的重构"。因此,西美尔认为,这样的建构"只能以哲学方式来处理:即以一般的粗略估计的方式,把个别现象与抽象概念相联系以呈现个别现象的方式"②。

那么,西美尔以货币为中介,将形形色色的社会现象勾连起来,以哲学思辨的方式构建了一个什么样的世界图景呢?他在 1896 年撰写的《现代文化中的金钱》可以帮助我们窥见他希望建构的现代社会世界图景。在此文中,西美尔认为,现代社会文化存在两种不同的发展方向和趋势。一方面,是通过在同样条件将最遥不可及的事物联系起来,趋向于夷平、平均化,产生包容性越来越广泛的社会阶层。另一方面,却趋向于强调最具个体性的东西,趋向于人的独立性和他们发展的自主性。而货币经济"同时支撑着两个不同的方向,他一方面使一种非常一般性的、到处都同等有效的利益媒介、联系媒介和理解手段成为可能,另一方面又能够为个体留有最大程度的余地,使个体化和自由成为可能"③。换句话说,西美尔希望建构一个以现代货币经济为基础的,并受其影响的社会文化的平均化、量化、客观化与社会个体的自由、独立性并存的现代性的社会世界图景。《货币哲学》中大量的有关货币的社会文化现象的讨论就是对这一世界图景的全面深入地展开。

不仅如此,西美尔还进一步讨论这一现代世界图景对于个体生命存在的意义与价值,对个体的生活感觉产生的深刻影响。简要地说,西美尔认为,在现代货币经济主导的社会世界中,个体精神质态中以上帝为中心的神性——形而

---

① [德] 西美尔:《货币哲学》,陈戎女译,华夏出版社 2002 年版,第 3 页。
② [德] 西美尔:《货币哲学》,陈戎女译,华夏出版社 2002 年版,第 2 页。
③ [德] 西美尔:《金钱、性别、现代生活风格》,顾仁明译,学林出版社 2000 年版,第 6 页。

上的品质逐渐消退，而被以货币为象征的工商——理性算计特性取而代之。当货币成为个体精神世界和生活感觉的中心时，必然造成个体终极意义的失落和生命感觉的萎缩："货币经济最终让货币价值作为唯一有效的价值出现，人们越来越迅速地同事物中那些经济上无法表达的特别意义擦肩而过。对此的报应似乎就是产生了那些沉闷的、十分现代的感受：生活的核心和意义总是一再从我们手边滑落；我们越来越少获得确定无疑的满足，所有的操劳最终毫无价值可言。"① 因此，货币经济生活中生存感觉的变化，才是西美尔的货币哲学的最终落脚点。至此，西美尔对货币的整体思想演绎达到了顶点。根据西美尔对哲学与社会科学关系的理解及其在货币研究中的运用，我们可以勾勒出西美尔的货币研究的思想理路，用图 2 表示：

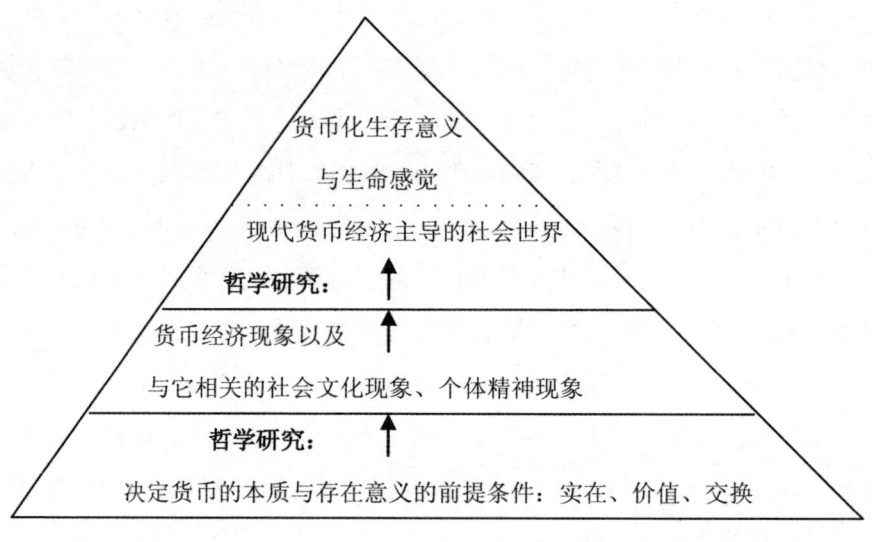

图 2

（三）《货币哲学》的方法论的现代意义

自近代社会科学建制化以来，哲学与社会科学的关系问题就成为社会科学方法论研究的重要内容。这是因为古典哲学的总体性、综合性和思辨性的范式，

---

① ［德］西美尔：《金钱、性别、现代生活风格》，陈戎女译，学林出版社 2000 年版，第 8 页。

在一定程度上妨碍了近代以来知识的经验化、学科化和专业化趋势，因此激起了近代社会科学的普遍反抗："拒斥形而上学"是孔德的实证科学的口号，迪尔凯姆以"独立于哲学"作为社会科学获得解放的重要纲领，韦伯坚持他的理解——社会学是一门不同于哲学的经验科学。经典社会科学家们似乎都力图划清社会科学与哲学的界限，以此彰显社会科学的科学性与客观性。面对这样一种学术潮流，西美尔却"逆流而上"，坚持社会科学与哲学存在着密不可分的内在联系。尽管在排斥哲学的经验主义主流社会学面前，西美尔所阐发的哲学与社会科学关系的方法论遭到过一些非议。[1] 但是一个不争的事实是，西美尔运用这种方法论在货币研究中取得了巨大成功。西美尔的《货币哲学》被视为是对马克思的《资本论》最重要的补充。这在迄今的社会科学及其相近科学中是"绝无仅有的"[2]。因此，西美尔的《货币哲学》与马克思的《资本论》、韦伯的《经济与社会》并列为对现代资本主义分析的三大经典性著作。当然，这里不是要讨论《货币哲学》的价值。下面，我们将力图表明，西美尔在《货币哲学》中所阐发与运用的哲学与社会科学的方法论思想可能远远超越于他的时代。他的一些观念或者做法，大概要等到我们真正拓展了我们关于哲学与社会科学的视野以后，才能很好地予以理解和接受。

一方面，随着现代社会科学研究的深入，人们越来越意识到社会科学的研究是建立在一些基本的前提假设基础上的。例如社会学中的个体与社会性质的假设，经济学中的"理性经济人"的假设，政治学中的"人性恶"的假设等等。正如美国社会学家古尔德纳（A. Gouldner）所指出的："无论是否喜欢、是否了解，社会学家都要根据预先确定的假设来组织自己的研究，社会学的特点就在于依赖于这些假设，并随着这些假设的变化而变化。"[3] 这些基本的理论假

---

[1] 索罗金曾经这样论说西美尔："从纯粹方法论的观点看，西美尔的社会学缺乏科学的方法……除了上面的逻辑缺陷外，西美尔的方法既没有实验取向、定量研究，也没有关于所讨论现象的系统的事实研究……思辨和形而上学在其本身固然不错，但如果同社会学混淆起来，也就损害了这些科学中的任何一个。"见 P. Sorokin, *Contemporary Sociological Theory*, New York: Harper, 1928, pp. 501–502.

[2] [英] 弗雷斯庇：《论西美尔的 <货币哲学>》，见 [德] 西美尔：《金钱、性别、现代生活风格》，顾仁明译，学林出版社 2000 年版。

[3] Gouldner. A. W, *The Coming Crisis of Western Sociology*, New York: Basic Books, 1970, p. 5.

设规定了理论体系和研究活动的基本特征和逻辑起点,因而常常逻辑地包含着理论的主题和研究方向。但是这些基本理论前提和假设无法直接被经验所检验,不可能在具体社会科学本身中得到讨论,而是属于特纳所说的"思辨理论"或者是温奇所讨论的哲学中的"认识论"问题。① 显而易见,这些思想与西美尔的"哲学社会学"中的认识论研究不谋而合。

另一方面,现代社会科学的主流是实证的经验研究,侧重于社会调查、统计数据、数学建模、个案访谈等技术——方法操作。这一倾向在提高社会科学研究的精确性程度的同时,也因其零散、琐碎被指责为"社会工具学";因其迷信数量化被嘲讽为"定量狂"。米尔斯称之为"抽象经验主义":"所有这些意味着,就其研究结果而言,他们的这些研究堆积琐屑的细节,却对使这些细节形成一定规范形式缺乏足够关注;事实上,除了由排字工和装订工提供的一定形式外,这些研究往往没有什么形式。这些细节无论怎么庞杂,都不会使我们确信任何本值得我们确信的东西。"② 这些零碎的经验描述,如果没有在理论整全性方面进行有想象力的、创造性的概括,它们就只是一些有用处的资料总结。米尔斯因此倡导一种"社会学的想象力"。它能够回答三种类型的问题:一是整体的社会结构图景,二是社会历史发展,三是个体在社会历史中的定位。显然,哲学有助于社会学想象力的发挥。因为正如秘鲁社会学家索夫雷维利亚所言:"哲学可以从'主题'上说明每一门社会科学的特定对象与整体现实之间的互相联系。譬如社会学,一种运用哲学的社会学能够通过反思来决定社会与其他现实领域(如文化或宗教)之间的关系。"③ 这也就是西美尔所讨论的对社会科学的哲学研究的必要性所在。

正是鉴于上述两方面的情况,当代社会学家吉登斯将哲学对社会科学理论化的影响列为社会理论的新趋向,并认为:"社会理论越来越哲学化了,特别是

---

① 温奇认为哲学作为认识论,其主旨在于澄清我们关于实在的基本概念。见[英]彼得·温奇:《社会科学的观念及其与哲学的关系》,上海人民出版社2004年版。
② [美] C. 赖特·米尔斯:《社会学的想象力》,陈强等译,生活·读书·新知三联书店2001年版,第59页。
③ [秘鲁] 夫雷维利亚:《哲学与社会科学》,载《国外社会科学》,1986年第9期。

在充满认识论的问题上更是如此"。① 当然，上述的讨论并不意味着现代社会科学家们都从西美尔的思想中得到过启示，而是说西美尔的哲学社会学，乃至他的整个学术思想都不应该是一段"忘却的记忆"。面对"即将到来"的社会科学（社会学）的危机，面对社会科学与哲学的重新结盟的新趋势，我们或许有必要不断地返回经典。

三、现代货币与现代哲学

国内开展"货币哲学"的讨论已经持续了一段时间了。就研究而言，人们在对现代货币及其制度化所引发的对现代人的心理、内在生活、精神品格、生命感觉和整个文化的影响的分析上，取得了许多重要成果，但是对于究竟什么是货币哲学，如何从哲学层面研究货币等问题还缺乏共识。究其原因，一个重要方面是目前货币哲学研究在问题意识、研究路径、思想资源上主要依赖于马克思，特别是西美尔的《货币哲学》。② 事实上，现代西方哲学对货币问题也有许多重要论述。无论是英美的语言哲学、还是欧陆的结构主义、后结构主义、存在主义、解释学，还是西方马克思主义，这三大现代哲学传统都从各自的哲学理论出发阐释现代货币问题，提出了一些新的思想观点和理论视角。

（一）英美语言哲学中的货币观

语言的意义、结构和用法是英美语言哲学关注的焦点。语言哲学家们在分析这些问题的时候，往往发现货币具有与语言类似的意义、结构和用法，因此可以借助于分析语言而认识货币。特别是在后期维特根斯坦、赖尔、塞尔等日常语言哲学家看来，货币本身就是人们在日常生活使用的另一种重要语言。

1. 语言游戏与货币游戏

后期维特根斯坦拒斥那种认为语词、意义与经验世界之间存在内在一致关

---

① ［英］吉登斯：《社会理论与现代社会学》，文军、赵勇译，社会科学文献出版社2003年版，第56页。
② 韦森：《货币、集体意向性与市场的道德基础》，载《学术月刊》，2003年第8期。

系的传统语言理论。他认为,这种语言理论就好像没有相应支付能力的"纸面上的汇票"①,没有实际意义。因此,维特根斯坦强调,语言的意义就是它的用法。货币同样如此。货币本身是什么并不重要。重要的是货币的用法和意义。货币的意义,就像字词的意义,不能还原为它所代表的对象:"这儿是词,这儿是含义。这是钱,那是可以用钱买的牛。(与钱和牛对照的是:钱和钱的用法。)"②维特根斯坦对语言意义的强调为其后的一些学者从这一角度分析货币的意义奠定了思想基础。

卡拉瑟斯等人(B. Carruthers&W. Espeland)则运用维特根斯坦的语言理论系统阐释了货币的意义问题。③ 他们认为,货币就像语言一样,是通过它的使用来创造、转换、获得意义的。货币的意义并不依赖于货币的某些物理特征。相反,它的意义取决于人们在特定的情景中如何使用它。货币的直接来源、最终来源、未来流向、货币材质都会影响货币的意义。

语言是一种游戏,货币也是一种游戏。这是克伦普(T. Crump)在根据维特根斯坦的语言游戏理论分析各种货币系统的结构与特征时提出的一个观点。④ 克伦普认为,在作为游戏的货币交易系统中,参与者在服从不同的游戏规则(市场的、社会的、文化的、家庭的、婚姻的)的前提下,互相竞争,以尽可能将自己的收益最大化。各种货币系统的结构、特征和意义取决于特定的社会制度和文化传统。传统社会中的货币游戏具有封闭、稳定、持久、平等、简单、非经济性的特征。现代社会中的货币游戏则是开放、动荡、暂时、等级、复杂、经济性的。因此,就像维特根斯坦所说,"想象一种语言就叫做想象一种生活形式"一样,参与一种货币游戏就是参与一种社会生活方式。

2. 货币实践中的言语行为

奥斯丁——塞尔的言语行为理论把维特根斯坦所说的"意义即用法"发展

---

① [英]维特根斯坦:《哲学研究》,陈嘉映译,上海人民出版社2001年版,第181页。
② [英]维特根斯坦:《哲学研究》,陈嘉映译,上海人民出版社2001年版,第75页。
③ Carruthers. B and Espeland. W, "Money, Meaning and Morality", *Amercian Behavioral Scientist*, Vol. 41, No. 10, 1998.
④ Crump. T, *The Phenomenon of Money*. London:Routledge 1981, pp. 32 – 38.

为"说话就是做事"。语言的意义是使用语言进行的行为,语言除了陈述或描述之外,还有执行行为的功能。同样,在货币经济中,人们在进行商品与服务的交换时发生的对话沟通模式执行着不同的货币交易活动。赖尔在阐释言语活动的意义时,将言语活动与市场、商业、货币等联系起来。在他看来,言语活动就相当于市场中的商业活动。言语活动中使用的语言就是商业活动中使用的货币性资本。① 其后,塞尔在《社会实在的建构》中也指出,作为制度性事实的货币同样依赖语言。"因为要使我们承认这张纸是货币,我们就必须有某种语言的或符号方式来表征新创造出来的有关这些功能的事实,因为我们不可能从这些对象本身的物理属性中看出这些事实。要承认某种事物是货币这个事实就需要通过语言或符号把它表征出来。"② 例如,美元上的"此票为支付一切公私债务的法定货币",这样的宣告使得这张纸券获得了货币的存在。

受赖尔、塞尔的言语行为理论的启发,哈德里斯(P. Hadreas)具体分析了在货币交换过程中的言语行为活动。他认为历史上存在的经济交换活动,包括物物交换、商品货币交换、信用货币交换,都可以视为一种对话交流。每一种对话交流中的言语行为都有两个阶段。开始阶段是"邀约阶段"(the request phase):一方出价,对方还价。如果一方的还价被另外一方拒绝,那么就没有交换行为。然而,如果任一方在某一点上同意对方的要求,那么对话就进入了所谓的"承诺阶段"(the promissory phase),并最终完成交换行为。因此,哈德里斯认为,货币实践可以被看做是一种许诺的言语行为。③

3. 作为社会实在的货币建构

在《社会实在的建构》中,塞尔用其语言哲学、心灵哲学的研究成果来分析各种社会实在现象。货币就是塞尔主要考察的一种社会实在。塞尔把集体意向性、功能的归属和构成性规则作为建构社会实在的三个基本要素。他认为,

---

① Ryle. G, "The Theory of Meaning", In C. A. Mace (ed), *British Philosophy in The Midcentury*, London, Allen&Unwin, 1957, p. 258.
② [美] 塞尔:《社会实在的建构》,李学楼译,上海人民出版社2008年版,第67页。
③ Hadreas. P, "Money: A Speech Act Analysis", *Journal of Social Philosophy*, Vol. 20, No. 3, 1989, p. 117.

货币作为一种社会实在，也需要这三个基本要素。首先，功能归属是有意识的行动者或观察者赋予对象的某些功能。货币一旦演变出来，人们就可以用货币进行买卖或者赋予货币其他功能，"货币的有行为者的有意向的功能是作为就价值交换和储存的手段，但是货币也可以在保持社会的权力关系系统中发挥隐蔽的、秘密的、非意向的功能。"① 其次，集体意向性就是人们共同做（需要、相信）某件事情的态度、倾向。一张纸券要成为货币，它就必须是被人们认为是货币的那种东西。如果每个人都不相信它是货币，那么它就不具有作为货币的功能，最终不再是货币。再次，社会实在只有在构成性规则的系统内才存在。这种规则的系统创造了这类事实的可能性。例如一张纸券要成为法定货币，必须具有特殊的物质成分，必须与某种特定图案花纹印记相匹配，必须经过中央银行发行，必须在特定地理区域流通。"根据这种构成性规则，这张纸券算作'支付一切公私债务的法定货币'。"② 因此，货币是人类经济活动和交往中受到某种构成性规则制约的一种附带着人们的集体意向性的制度实在。

（二）欧陆哲学中的货币观

与英美哲学关注货币与语言的相似性不同，欧陆哲学更注重货币在现时代中的社会、历史、文化及精神意义。结构主义、后结构主义、解释学、存在主义等欧陆哲学流派也正是从各自理论核心出发提出了许多关于货币的思想观点。

1. 语言结构与货币结构

结构主义最初是索绪尔开创的一个语言学派。他的语言学包含着结构主义的哲学原则和基本概念，同时也奠定了结构主义货币分析的思想基础。索绪尔认为语言与货币关系密切，因为语言与货币具有相同的结构特征。索绪尔在语言符号的定义中将音响形象和概念分别称为能指和所指。就货币符号而言，货币的能指就是历史上作为货币材料的各种物：金银、纸币、支票等等；货币的所指就是货币所交换到的商品。③

---

① ［美］塞尔：《社会实在的建构》，李学楼译，上海人民出版社2008年版，第20页。
② ［美］塞尔：《社会实在的建构》，李学楼译，上海人民出版社2008年版，第41页。
③ ［瑞士］索绪尔：《普通语言学教程》，商名凯译，商务印书馆1985年版，第161页。

福柯以知识考古学方法,考察了16世纪以来货币话语与语言的结构变化。他将决定各种话语和各门学科所使用的基本范畴的认识论结构型式和形成规则称之为"认识型"。认识型的根源在于词与物之间的关系,人们在词与物之间建立不同的联系,符号能指与所指呈现不同的状态,就导致了不同认识型的产生。福柯认为,西方文化史上先后出现了三种认识型:文艺复兴时期(14—16世纪)以"相似"为基本原则的认识型,古典时期(17—18世纪)以"表征"为基本原则的认识型和现代时期(19世纪)以"深层规律"为基本原则的认识型。财富分析中的货币与语法学中的语言符号同样经过了这三种认识型。16世纪,人们对货币的认识是建立在金属货币与财富的相似性原则之上的。金属货币本身是财富,金属才显得是标记,是度量财富的标记。"如果金属货币能有所指称的话,那是因为它是一个真实的标记。诚如词具有与其言说对象相同的实在一样。"① 17世纪的重商主义把货币从金属特有的价值的设定中解放出来,并在货币与财富之间确立起一种严格的表象和分析关系。"金属只是表象这个价值,如同名词表象一个意象或一个观念,但不构建它"②。货币成为财富,是因为货币是表征价值的符号。19世纪语言学热衷于寻找语法、语音中的内部规律,同样,政治经济学为自己找到一个基础——生产劳动。劳动成为货币、财富的价值的度量。

2. 作为能指的货币

拉康在阐释语言、无意识、他者、欲望、象征界等概念和相互关系时,也提到了货币作为象征界的一种能指,建构着无意识主体。在拉康看来,无意识是他人的话语。作为话语的语言符号系统构成的是一个象征性的王国,其中起关键性作用的只是话语中能指与能指构成的节链。象征界中存在各种能指链:上帝、主义、观念、事业、成功、权力、金钱。它们的作用就是对主体的欲望进行编码,用他者的话语来建构主体无意识的本质。所有人都在无意识地服从象征界的能指法则:"这些法则正是象征规定的法则……因为我们可以看到,人

---

① [法]福柯:《词与物》,莫伟民译,上海人民出版社2001年版,第223页。
② [法]福柯:《词与物》,莫伟民译,上海人民出版社2001年版,第232页。

们是根据是不是服从了这些法则而来决定一个物体是不是适宜用来组成偶然事件。在这个情况下这个系列总是象征性的。譬如说为了这个功能而采用一个硬币或那个被相当不错地叫作骰子的东西。"① 因此，正如拉康所指出的，我们都存在着一种自己没有意识到的和金钱的关系。这种关系决定着我们的生活经历，以及我们对自己和他人的最深刻的看法。

受拉康这一思想影响，鲍德里亚深入分析了在后现代社会中作为能指的货币的特征。在他看来，在后现代社会，工资、劳动、货币等这些政治经济学范畴都成为空洞的能指，即摆脱了过去指称某物的义务。

在拉康、鲍德里亚的基础上，阿诺德（G. Arnaud）在《作为能指的货币：拉康主义视域中的货币秩序》中阐释了货币作为能指的内涵与原因。在他看来，作为能指的货币被剥夺了功能性，它就是虚无的标志。事实上，作为能指的货币总是意味着缺乏，特别是在人们想拥有它的意义上，因为货币的拥有本身就意味着缺乏。这或许可以解释为什么人们总感觉钱不够。在这里，作为能指的货币只不过是不可能的主体身份的标志。而货币之所以能成为能指，有两个根本的原因。首先，在经济和社会交换中，它是作为普遍的交换媒介起作用的，处于永恒的转化漂移过程中，不会固定在任何具体事物上。其次，货币的价值不是货币的内在属性，而是取决于公共话语和其他能指的链接，例如法律、银行金融制度。用拉康的术语来说，这意味着货币是他者的权力，而不是主体的权力。阿诺德的结论是，货币作为能指表明，"无论象征界多么强大，它都同时表明自己就是一个谬误、一个幻觉"②。

3. 作为话语的货币

铃木（H. Suzuki）结合批判实在论的话语理论，详细阐释了货币是如何作为一种话语而在实践中起作用的。③ 从实在论看，话语指的是社会实践的符号性

---

① ［法］拉康：《拉康选集》，褚孝泉译，生活·读书·新知三联书店2001年版，第55页。
② Arnaud. G, "Money as Signifier: A Lacanian Insight into the Monetary Order", *Free Associations*, Vol. 10, No. 1, 2003, p. 40.
③ Suzuki. H, "Money and Discourse: From a Realist Perspective", Paper presented at the 5th Annual IACR Conference2001

要素。苏祖克认为，话语在实践中要发挥其作用，需要十个前提条件：话语实现在文本中；话语是指涉对象客体的；话语也包含主体存在；话语是一种内在协调的意义系统；话语总是指涉其他话语；话语体现自身的言说方式；话语在历史情境中定位；话语维持制度；话语再生产权力关系；话语具有意识形态效应。

而货币作为经济实践中最重要的价值符号，也是通过这十个条件来发挥其话语的作用的。第一，货币总是通过特定的图像形式表达的。例如欧元的图像设计就表达了全欧洲开放、沟通、合作的理念。第二，货币话语指涉的对象有两个层面：一是关于货币的话语，即各种货币理论；二是作为话语的货币，即各种货币名称、度量等等。第三，在货币实践中，我们通过发出行动性言说将主体身份感知、定位成买者、卖者、贷方、借方、捐赠者、接受者。例如，人们说："我买，我卖，我借，我贷，我给，我收。"第四，货币实践是做出承诺的相互的自愿行为，并且借助语言，发生在交流语境中。货币话语实践是一种内在一致性的意义沟通与行为协调过程。第五，人们总是习惯利用货币话语去描述、指涉其他社会话语。例如用金钱去评价某种成功和业绩。第六，不同货币话语主体往往具有不同的言说方式。例如货币主管当局有时发表一些只言片语来影响货币金融市场的未来走向。第七，货币的形态、流通地域和使用方式是随着历史和社会的发展而变化的。例如金银等金属货币在现代社会中失去了法定货币的效力。第八，对货币的使用或意义的命名和标示往往创造出对应于不同社会互动的社会制度来。例如薪水标识雇佣劳动关系、礼金标识礼物交换关系、彩礼标识婚姻关系等等。第九，货币作为价值的度量标准，本质上是将各种不同品质的事物转化成可共同度量的。这种共同度量的形成是政治性的：它重构了权威关系，创造出新的政治实体。第十，货币作为一种意识形态表现在：不同种类的商品（现实）被转换成数量值（思想）。货币具有将想象变为现实，将现实变为想象的能力。

4. 语言沟通与货币沟通

从伽达默尔解释学的视角看，语言是人们在社会交往和沟通过程中达成理解和共识的形式。对社会世界的理解必然通过语言的形式而产生。人们理解的过程就是一种语言的过程。它体现了使用者之间的共享理解。霍维茨 (S. Horwitz) 在伽达默尔的解释学的基础上，将货币在市场环境中对信息沟通的作用与语言在社会过程中对知识的沟通作用进行了比较。①

首先，他认为，就像语言通过我们自己的框架使得我们能够理解他人的由语言构成的思想一样，货币也使得我们在经济与社会活动中表现和解释他人的趣味、偏好、需要和价值。我们必须以语言提供给我们的言语来思考。我们也必须根据我们想交换的货币价格来从事市场活动。

如果货币可以与语言类比，那么价格就可以类比语词。市场价格体现了通过货币媒介实现的交换所产生的知识，就像语词体现了通过语言的读写所产生的知识。就像一个字词并不是对应某些客观思想或意义一样，某种特定价格所表达的并不是该种商品的对应品质，而是与构成市场的其他价格的复杂关系。说某种价格很合适，就是说它在其他价格背景中具有意义。一个汉堡两美元只有在人们知道其他物品的价格时，才是有意义的。正如在迦达默尔看来，语词及其意义的关系并不是原本与复制品的关系，而是语词与整体语境的关系。所以，市场过程的一大特征就是它可以被看作是一种正在进行的对话，一种使用货币和货币价格而不是语言作为沟通媒介的对话。

5. 作为自我实存形式的货币

货币对于自我的本真存在究竟具有什么意义？这是存在主义哲学的货币研究所探讨的主要问题。萨特在《存在与虚无》中将存在主义与精神分析结合起来，提出"存在精神分析法"来研究货币对于自我存在的意义。

从存在精神分析法看，欲望是存在的欠缺。人的具体存在的三大范畴，即作为（做）、拥有、存在（是），在各种欲望的原始关系中向我们显现出来。人们对金钱的欲望就是一种"拥有"的欲望。拥有就是为我占有，或者说化为己有。萨特指出，购买一个物品是将财产融入个体自我，表现自我拥有的一种形

---

① Horwitz. S, "Money and the Interpretive Turn: Some Considerations", *Symposium*, Vol. 8, No. 2, 2004, p. 249 – 267.

式。与其说金钱是一种通过自身的占有，毋宁说它是一种要占有的工具。我占有的对象已被我买到了。虽然金钱只是一种及物的存在，但是对于我来说，金钱代表着我的力量，一种创造的力量：买一件东西，就是一种相当于创造一件东西的象征性活动。所以金钱与我的能力同义。即使金钱的潜在购买力对自我存在也有化归己有的意义："由于口袋里有钱，你们在橱窗前停下来，陈列的对象已经有一半是属于你们的了。于是金钱在自为和世界的对象的整个集合之间建立起化归己有的联系。"① 因此，对金钱的拥有、占有，就是在化归己有的信号下与被占有的对象的统一，就是自为存在与具体自在之间的一种存在关系。

（三）西方马克思主义的货币观

货币问题历来是马克思主义政治经济学研究的重要内容。现代西方马克思主义结合资本主义的新近发展，对货币在现代社会中的巨大功能和影响依然保持着批判的距离。

1. 货币与生活世界的殖民化

哈贝马斯对货币与社会的关系持一种批判性的眼光。"系统——生活世界"是哈贝马斯分析和理解现代社会的理论框架。现代社会的危机表现为系统对生活世界的殖民化。

所谓生活世界的殖民化就是生活世界中语言的交往媒介被货币和权力所取代，"经济和国家的媒体控制的下属体系，借助货币和官僚政治的手段，渗入了生活世界的象征性再生产"②。而作为系统沟通媒介的货币和权力，对于生活世界的殖民化起了重要作用。在生活世界的殖民化过程中，人们之间相互交往的媒介不是语言，不是相互之间的理解，而是金钱和权力。

2. 作为景观的货币

德波在《景观社会》中断言，现时代是一个由视觉性的表象、表征、影像构成社会本体基础的颠倒世界，即一个景观社会。现代商品、货币、资本都是

---

① ［法］萨特：《存在与虚无》，陈宣良等译，安徽文艺出版社1998年版，第750页。
② ［德］哈贝马斯：《交往行动理论》第2卷，洪佩郁、蔺青译，重庆出版社1994年版，第457页。

作为景观而呈现的。现代资本主义社会最显著的特征就是交换价值完全控制了使用价值,并将自身转化为统治社会的景观。作为交换价值代表的货币自然成为一种主宰社会的景观。德波说:"景观是货币的另一面,也是全部商品的一般抽象等价物。货币作为一般等价物的代表,作为其使用价值无法比较的不同商品的可交换性的代表,统治着社会。当商品世界的总体表现为一个整体的时候,景观作为整个社会所能成为和所能做的东西的一般等价物,便成为货币的发展了的现代补充物。"① 在景观社会中,人们狂热地追求作为景观的货币,迷恋它的交换价值,而忘记了货币背后真正所代表的人们的本真的需要和社会生活。

  真正的哲学要表达时代的精神,就必须能够准确捕捉和回答时代性、现实性中的重大问题。而在日益繁盛的全球资本、市场结构体系所支配的时代境遇中,货币作为最普遍、最恒久、最实用的等价物,已经成为现代人无法摆脱的宿命,这也就意味着现代哲学不能回避对货币、资本等问题的思考。现代西方哲学对此作出了积极的尝试。现代西方哲学的各个流派对货币问题的研究都是从自身的理论逻辑出发,具有不同的特点。将货币与语言进行类比,运用语言哲学的研究成果来分析现代货币问题,是英美哲学、欧陆哲学与西方马克思主义的货币研究的最突出共性。但在这其中,英美哲学与欧陆哲学又各有侧重点。后期维特根斯坦的言语行为理论、塞尔的集体意向性理论以及伽达默尔的解释学侧重的是货币的语义学、语用学方面,也就是货币的经济、社会、文化意义及其在具体语境中的实际使用。而索绪尔的结构语言学、拉康的后结构主义、话语理论则侧重于货币的句法学方面,即讨论货币本身的结构、使用规则等等。西方马克思主义秉持一贯的批判立场,对货币在现代社会中造成的物化与异化进行了深刻批判。但是与马克思货币的政治经济学批判不同,西方马克思主义的货币批判主要是一种社会文化和意识形态批判。显然,充分重视和汲取这些思想资源有助于进一步推进国内货币哲学的研究。

---

① [法] 居伊·德波:《景观社会》,王昭凤译,南京大学出版社2006年版,第99页。

四、经典社会理论中的货币思想

虽然货币与人类的文明同样古老，但是只是在近代，随着资本主义的兴起，货币挟制着商品和资本，在社会生活中才发挥了主导性力量："凡是在货币关系排挤了人身关系和货币贡赋的地方，封建关系就让位于资产阶级关系。"① 资产阶级正是通过货币，"在它已经取得了统治的地方把一切封建的、宗法的和田园诗般的关系都破坏了，它使人和人之间除了赤裸裸的利害关系，除了冷酷无情的现金交易，就再也没有任何别的联系了"②。日益发达的货币经济强烈地冲击着人们的社会生活，深刻地改造着社会结构，有力地形塑着社会价值观念。因此，关于货币的社会意义和作用，引起了经典社会理论家们的极大关注。在马克思的资本主义物化理论、西美尔的现代文化的冲突观点、韦伯的社会理性化视角、桑巴特的奢侈理论、凡勃伦的有闲阶级理论以及涂尔干的社会团结思想中，货币都占据着重要地位。经典社会学家们在一个广阔的社会空间中，探讨了货币与社会结构、组织、文化、阶级、人的精神世界等诸多社会现象的密切关系。

（一）马克思：货币体现资本主义社会关系的物化

从青年马克思开始政治经济学研究到他思想成熟时期的《资本论》，货币一直是马克思分析资本主义社会关系的一个重要问题。青年马克思深受德国古典哲学，特别是费尔巴哈的人本学影响。因此，这一时期，马克思是从抽象的人的本质这一视角去研究货币问题，把货币的本质理解为外化的、异化的和外在化了的抽象的人的本质，而人却被自己创造出来的货币所支配和奴役。不过同时，马克思也注意到，作为人的异化本质的货币具有占有一切对象的普遍性力量，因此，货币是人的需要与对象之间，人的生活和生活资料之间的中介和"牵线人"。货币是联结人与人、人与社会、人与自然的"纽带"，并且是联系

---

① 《马克思恩格斯全集》第21卷，人民出版社1972年版，第450页。
② 《马克思恩格斯选集》第1卷，人民出版社1995年版，第274页。

一切纽带的纽带,是社会"地地道道的粘合剂"和"社会的电化学势"。① 货币体现的是人与人之间的社会关系,只是这种社会关系不是符合人的本质的,而是以异化的形式表现出来的。

随着马克思政治经济学研究的开展与推进,他日益从资本主义社会的物质条件和客观经济关系去研究和批判货币问题,认为"货币是一定的生产和交往关系的必然产物并且只要这些关系存在时货币总是'真理'"。② 货币、地租、利润等"这些私有财产的现实存在形式是与生产的一定阶段相适应的社会关系"。就是说,货币所表现的关系也像其他经济关系如分工等一样也是一种生产关系,这种关系是和一定的生产方式相适应的。

(二) 西美尔:货币孕育现代文化的分化

西美尔让我们看到货币为人们带来的另一个文化向度,肯定了货币对于个体自由的积极意义。西美尔认为,前货币经济时代人与人之间是一种打上个人印记的主观性的关系,它束缚了人身自由,而个体自由是随着经济世界的客观化和去人格化而提高的。货币本身的客观化、非人格化的属性使得人们之间的社会关系变得客观化,人也由此获得了不受外部世界束缚的自由。金钱给予了这种独立性以巨大的推动,并且使这种独立性在越来越大的空间里成为可能,"货币使我们从束缚关系中购买自身的自由成为可能,不仅有他人对我们的束缚,还有从我们自己的占有物而来的束缚。无论是付钱的还是赚钱的,我们都得到了自由"③。

(三) 韦伯:货币推动现代社会理性化

韦伯相当欣赏《货币哲学》,而且当韦伯从1899—1900年第一次崩溃中恢复过来后,阅读的第一批书中就有《货币哲学》。④ 西美尔在《货币哲学》中对货币与现代文化的客观化、量化、人的理性化的关系的讨论也影响到韦伯的对

---

① 马克思:《1844年经济学哲学手稿》,人民出版社2000年版,第144页。
② 《马克思恩格斯全集》第3卷,人民出版社1960年版,第221页。
③ [德] 西美尔:《货币哲学》,陈戎女译,华夏出版社2002年版,第321页。
④ H. Gerth & C. Wright Mills, Introduction:The Man & His Work [A], H. Gerth&C. Wright Mills (ed), From Max Weber, [C] London, 1947, pp. 12 – 14.

资本主义社会理性化的分析。

韦伯在其名著《新教伦理与资本主义精神》中，认为金钱伦理观是资本主义精神的重要内容。韦伯以本杰明·富兰克林的一些关于金钱的道德箴言作为资本主义精神的最好体现。他认为这些道德箴言强调是在追求金钱财富过程中"诚实、信用、节俭、成就"的伦理品质。因此，韦伯所谓的资本主义精神本质特征是强调通过一种诚实、有信用的、具有伦理属性的方式去赚得金钱。而这种金钱伦理和致富美德又是来自新教教义中以世俗财富荣耀上帝的预定论和天职观。

如果说新教伦理培育了一种理性的对待货币的资本主义精神，从而促进了现代货币经济的发展的话，那么现代日益成熟的货币经济则反过来进一步促进了现代社会的理性化趋势。

首先，货币强化了现代经济行动的形式理性。现代经济行动具有突出的形式理性特征，最明显的标志就是行动的"可计算性"。而现代成熟的货币经济则强化了经济行动的形式理性。在韦伯看来，货币是最完美的经济计算手段，在经济行动的取向中是形式上最为理性的手段，"货币制度具有最大可能程度的形式理性"[①]。货币的形式理性就是最大限度的"计算性"。其次，货币加剧社会结构的理性化。韦伯将社会结构划分为共同体关系结构与结合体关系结构。共同体关系是基于情感归属的、传统性的社会结构关系，而结合体关系则是基于理性利益计算的、分化的社会结构关系。韦伯认为，成熟的货币经济在传统的共同体关系的社会结构向现代的结合体关系的社会结构转变的过程中起了重要作用。这是因为货币经济的发展为个体能力与需求的开展和分化创造了条件。货币经济一方面为个人在自己的营利成果和消费上提供了客观的可计算性，另一方面，通过货币媒介的交换功能，开启了自由满足个人需求的可能性。所以，"理性的结合体关系取代个人得以'天生自然地'参与共同体行动的利益与义务……此种做法唯有在纯粹的货币经济的基础上方有可能，因此，货币经济的发

---

① [德]韦伯:《韦伯作品集：经济行动与社会团体》，康乐、简惠美译，广西师范大学出版社2004年版，第142页。

展在家共同体的内在解体上毋宁是扮演了主导的角色。"① 第三，货币经济促进城市的发展。城市是社会理性化的集中表现的空间。韦伯认为，西欧近代城市的形成和发展有两个社会条件：一是工业和商业的兴起和聚集；二是领主和君侯的认可和保护。这两个条件都与货币密切相关。在韦伯看来，光有工商业的聚集，还不能被称为城市。城市还必须存在一个以货币交易为手段的市场。在那里，居民以货币交易的方式取得所需的工业产品或商品。而领主和君侯之所以认可和保护城市，是因为他们可以从中获取大量金钱收益，"政治领主与土地领主最希望的，莫过于从隶属民那儿获得货币收入"。因此，韦伯认为，"城市的建立，包括种种后续的结果，自建立者的观点而言，主要是一种营利事业：为了创造货币收入的机会。"②

（四）桑巴特：货币提升新贵族的社会地位

对于韦伯从宗教伦理来解释资本主义的兴起问题，桑巴特则从上层阶级的奢侈入手予以回应。在《奢侈与资本主义》中，桑巴特指出，在早期资本主义的初始阶段，新兴的资产阶级不仅通过积累金钱，而且以拥有标志社会地位的昂贵附属物为手段，获得上流社会的承认，成为新贵族，并通过与贫穷的贵族结成联盟，进一步改变了时代的精神面貌。

桑巴特指出，在15—17世纪，欧洲开始掠夺东方，在非洲发现贵金属富矿，美洲的黄金白银也大量涌入欧洲，使得英法中产阶级的财富急剧增长。但是这些暴富的中产阶级在社会地位上仍然受到贵族阶层的鄙视。因此中产阶级想方设法地获取爵位封号，以提高政治地位和社会声望。大致途径有两种：一是直接用金钱购买封号头衔；二是与贵族联姻。例如，17世纪初法国颁布法令，规定用钱购得的官职可以世袭，这意味着体制的变化，"因为穿袍大法官过去大部分是贵族，此后则更多地从金融业富裕人士中吸收新成员"③。18世纪还有很

---

① ［德］韦伯：《韦伯作品集：经济行动与社会团体》，康乐、简惠美译，广西师范大学出版社2004年版，第284页。
② ［德］韦伯：《韦伯作品集：非正当性支配——城市的类型学》，康乐、简惠美译，广西师范大学出版社2005年版，第173页。
③ ［德］桑巴特：《奢侈与资本主义》，王燕平译，上海人民出版社2005年版，第23页。

多通过购买领主地产这一简单方式来抬高自己社会地位的新型领主,"富人们用领地来为自己贴金"。到18世纪中叶,"由于用钱很容易得到贵族头衔,有钱人无一例外都很快受封为贵族"①。与贵族联姻,是当时中产阶级提高社会地位的另一重要途径。贵族们也希望通过与富有的商人联姻,缓解自己的经济困境。当时的一个绅士对此有生动的描述:"金融界现在通过与贵族建立联系,这体现了他们的真正力量。几乎所有贵族之妻的嫁妆都直接来自银行家的保险箱。"②到18世纪中期,"贵族血统与资产阶级金钱的结合在所有资本主义国家都以同样的速度发生"③。

(五)凡勃伦:货币标识有闲阶级的文化区隔

凡勃伦在《有闲阶级论》中延续了桑巴特对货币与上层阶级关系的思路。在这本书中,凡勃伦研究了在财产所有权的基础上形成的金钱文化与所谓的"有闲阶级"的关系。凡勃伦深入分析了有闲阶级形成的金钱文化根源,有闲阶级金钱文化的种种表现,以及有闲阶级的金钱文化对社会风气所带来的深刻影响。

首先,凡勃伦所谓"有闲阶级",就是能非生产性地消耗时间,同时还可以借此证明个人的金钱力量可以使他安闲度日,衣食无忧的那一部分人。凡勃伦认为,人们之所以要占有物品即形成所有制,归根到底是因为人们的竞赛动机,也就是博得荣誉和赢得尊重的动机。而人们之所以占有财产,财产之所以有价值,就是因为财产可以证明财产的所有人比社会中其他人占有优势地位,它成为取得荣誉和博得社会尊重的重要手段。财产的保有一旦成为博取荣誉的基础,它也就成为满足人们自尊心的手段,并刺激人们新的财富渴望,"企图在金钱地位上力争上游,胜过别人,从而猎取荣誉,赢得同辈的妒羡"④。所以金钱竞赛开始了,社会也就有了金钱阶级、富人阶级、有闲阶级与平民阶级的分等分级。

---

① [德]桑巴特:《奢侈与资本主义》,王燕平译,上海人民出版社2005年版,第24页。
② [德]桑巴特:《奢侈与资本主义》,王燕平译,上海人民出版社2005年版,第25页。
③ [德]桑巴特:《奢侈与资本主义》,王燕平译,上海人民出版社2005年版,第13页。
④ [美]凡勃伦:《有闲阶级论》,蔡受百译,商务印书馆1964年版,第28页。

获得了财富、金钱，只是获得荣誉的第一步。只有不断向社会、向别人表明自己的财富和金钱的力量，才能真正保持荣誉。这包括两个方面：避开生产劳动的炫耀式有闲和炫耀式的消费。这样，有闲阶级制度就以完整的形态出现了。这在工业社会表现得尤为明显："在任何高度组织起来的工业社会，荣誉最后依据的基础总是金钱力量；而表现金钱力量从而获得或保持荣誉的手段是有闲和对财物的明显消费。"① 馈赠珍贵礼物、举行豪华宴会、绚丽堂皇的装饰工程、对手工业品的美感、对艺术品的高价求购、对各种宠物的爱好、对典型女性美的追求以及高级学识等等炫耀式消费都是为了表现金钱阶级的生活标准，达到金钱荣誉原则的要求。

当有闲阶级形成自身的一套金钱文化时，这种金钱文化会反过来对社会风气的变迁产生重要影响。有闲阶级是一个保守阶级，因为他们拥有足够的金钱财富，对于生活资料的竞争没有别的阶级那么迫切，对社会变革的反应也最为迟钝。有闲阶级的这种保守的金钱文化会在经济上、法律上和社会风气上阻碍社会的革新。因此，"富裕阶级一贯的示范作用，大大加强了其他一切阶级对任何革新的抗力，使人们的爱好固着于历代遗留下来的那些优良制度"②。

（六）涂尔干：货币需要社会秩序的道德约束

在所有经典社会理论家中，涂尔干可能是最少直接提及货币问题的人，而是与社会的经济状况联系在一起的。涂尔干将规范社会生活的道德秩序作为他社会学研究的主题，他也是从这个角度观察和分析货币与经济生活的。

在《社会分工论》中，涂尔干勾勒了一个从机械团结向有机团结转化的进化论式的社会结构模式。社会团结性质也由前者的同质性的、可替代的关系向后者的异质性的、功能专门化的关系转变。有机团结的关系主要指的是人们之间的劳动分工，也包括通过货币交换所建立的社会关系。这种交换明显地表现在契约关系中，"契约就是交换的象征"。也因此，在有机团结社会中，规范货币交换的商业法特别发达："功能的专门化在商业法中表现得更加明显。商业法

---

① ［美］凡勃伦：《有闲阶级论》，蔡受百译，商务印书馆1964年版，第67页。
② ［美］凡勃伦：《有闲阶级论》，蔡受百译，商务印书馆1964年版，第157页。

特别规定了与商业有关的各种契约。"① 但是对于社会稳定团结来说，仅仅有这些经济上的、法律上的契约是不够的，还需要来自社会的、道德的契约。而现代社会的种种失范状态恰恰是因为社会的道德规范没有跟上经济发展，经济功能过于膨胀的结果，"迄今为止，这种混乱状况从来没有达到这么严重的程度，这主要是由于近两百年来经济功能不断发展的结果"②。要解决社会的失范，就必须在现代社会的基础上重建集体意识和社会道德规范，以消除经济世界中的混乱局面。

除此之外，在《自杀论》中，涂尔干运用相同的逻辑去解释某地区自杀率的上升及其解决方式。涂尔干认为贸易和工业的失序状态与一种反常型的自杀现象有密切关系。但是涂尔干认为这些经济危机或金融危机之所以使自杀人数增加，并非由于这些危机使人贫困，因为在经济繁荣时期也产生同样的结果，其真正原因是这些危机打乱了集体秩序和社会平衡。在涂尔干看来，在社会稳定时期，每一个社会阶级对金钱财富的欲望是受到某种社会规范制约的，"有一种真正的规章制度，尽管并不总是具备法律的形式，但相当精确地规定每一个社会阶级可以合法地力求达到的最大程度富裕"③。在这种社会规范的制约下，人们会满足于他们的境遇，产生一种"平静和积极的欢乐"。但是经济危机或是经济突飞猛进会导致社会规范的突然弱化，并由此使得限制人的欲望的社会纽带瓦解。这些欲望就包括获取更多金钱财富的欲望："财富在减少我们对各种东西抵制力的同时，还诱使我们相信可以无限地获得这些东西。"④ 各种欲望在需要更加有力的约束的时候反而得不到约束。但是过分膨胀的欲望是不可能得到完全满足的。人与社会的平衡遭到破坏，由此产生的倦怠感、幻灭感、无意义感导致一种异常的自杀现象剧增。要消除这种反常型自杀，涂尔干依然诉诸重建社会的道德规范体系。而且在这本书中，他还特别指出了担当此重任的社会

---

① ［美］凡勃伦：《有闲阶级论》，蔡受百译，商务印书馆1964年版，第86页。
② ［美］凡勃伦：《有闲阶级论》，蔡受百译，商务印书馆1964年版，第15页。
③ ［法］涂尔干：《自杀论》，冯韵文译，商务印书馆1996年版，第265页。
④ ［法］涂尔干：《自杀论》，冯韵文译，商务印书馆1996年版，第271页。

团体是行会等法人职业团体。

从马克思、西美尔、韦伯、桑巴特、凡勃伦和涂尔干的货币思想看，他们都从不同的角度展示了货币的社会意义。马克思揭示了货币所体现的社会关系的异化和物化；西美尔突出了货币对现代文化发展趋向的影响；韦伯分析了货币对社会理性化的推动作用；桑巴特表明了货币提升社会地位的功能；凡勃伦显示了货币与阶级的社会区分的关系；涂尔干强调了社会道德秩序对货币的制约的必要性。随着全球金融体系的推进和消费主义的兴起，货币日益成为经济、社会、文化乃至人们精神生活的重心，当代社会理论家对货币也表现出更多的关注，帕森斯、哈贝马斯、卢曼、吉登斯、科尔曼、鲍德里亚等都把货币作为理解和分析当代社会的重要参照点。经典社会理论家的货币思想在当代社会理论中得到了进一步的回应与深化。总而言之，社会理论家们的货币思想启示我们，在探讨货币问题时，不能仅仅局限于货币的经济功能，而是应该将货币置于广阔的社会文化环境中，去挖掘货币与社会整体结构变迁的关系，透析货币经济的文化效应、彰显货币的精神意义，从而深化我们对货币与现代社会世界整体关系的认识与理解。

五、当代社会理论中货币思想

"对于那些以全面地解读文化与社会（当然也包括本来意义上的经济）为目的的科学来说，考察货币理应是其研究的主线之一。"① 作为社会的产物，本身就决定了货币不仅仅是一个涉及贸易、金融、市场的经济学问题，而且是涉及社会结构、人际关系、价值观念、文化生活的社会学问题。因此，随着经济社会学的兴起，社会学家对货币进行了广泛而深入的研究，取得了一系列丰硕的成果，进一步深化和丰富了人们对货币的社会属性的认识和理解。

---

① ［日］栗本慎一郎：《经济人类学》，王名等译，商务印书馆1997年版，第107页。

(一) 货币经济学的理论问题与理论域限

主流经济学的货币研究围绕着什么是货币，货币在经济中具有什么作用，应该采取什么样的政策措施这几个问题而展开的，主要涉及货币金融、货币政策、货币与资本市场、国内货币调控、货币与银行的关系等问题，形成了货币经济学，货币银行学，金融学等诸多学科。

货币的经济学研究在不断发展的同时，自身也存在着一些理论域限。首先，从思想基础看，主流经济学主要是从物或实体的角度来研究货币的本质。无论是将货币的本质界定为金银财富，还是看作是交换媒介、信用符号，都是货币本质在物的层面上表现出来的规定性，而没有从社会关系、文化生活的角度深入到货币所体现的社会的、文化的、人性的因素，因而未能充分揭示货币的更深刻的本质。其次，从理论逻辑看，西方货币理论都存在本身难以解释的理论矛盾。[1] 西方经济学的货币理论的方法论基础是把资本主义经济系统划分为实物部分和货币部分，用分析实物部分的边际价值理论和一般均衡理论来分析货币部分，从而导致把动态的货币关系纳入静态的描述实物经济的一般均衡模型的方法论错误。再次，从学科视角看，经济学的帝国主义及其对货币问题的话语霸权导致其他人文社会科学在货币问题中的失语。例如，美国现代著名社会学家科林斯（Collins, R.）就认为货币是现代社会学最受忽视的主题，也是整个社会科学最受忽视的主题。[2] 因此，货币经济学在深化了人们对现代货币、金融、银行的内在运行机制的认识的同时，也用各种艰深的术语和繁杂的数学方程式遮蔽了货币与广阔的社会生活世界的微妙关系。

(二) 货币社会学的思想渊源与现代复兴

事实上，在现代经济学垄断货币话语霸权之前，古典社会理论家们大都是从社会、文化与人性的角度审视货币的，认为货币不单单是一个经济现象，而是复杂的社会、文化、政治关系建构的产物，本身承载着深刻的人性的、形而上学的精神意义。马克思在《资本论》中精辟地指出，货币存在的前提是社会

---

[1] 刘洪军：《西方货币理论的逻辑矛盾及其根源》，载《南开经济研究》，2004年第2期。
[2] Collins. R, "The Bankers", *The American Journal of Sociology*, Vol. 85, No. 1, 1979.

联系的物化。货币拜物教充分体现了资本主义社会关系的物化现实。西美尔在《货币哲学》中所做的就是将马克思对货币的政治经济学批判扩展到人们的日常社会生活与精神世界,深刻洞察到货币与现代文化的客观化的深层关联。韦伯则指出,现代成熟的货币经济强化了经济行动的形式理性。因为,货币是最完美的经济计算手段,"货币制度具有最大可能程度的形式理性"①。凡勃伦在《有闲阶级论》中延续了马克思、西美尔与韦伯的思路,将货币与阶级、文化、社会分层结合起来,研究在财产所有权的基础上形成的金钱文化与所谓的"有闲阶级"的关系,深入分析了有闲阶级形成的金钱文化根源以及有闲阶级通过金钱消费所展示的文化区隔。在他们的分析中,货币都被置入了广阔而复杂的社会结构、历史进程、文化氛围中,从而彰显出货币与社会世界的有机联系。

尽管经典社会理论家们对货币与社会世界的关系做了初步的阐释,但是在20世纪前期的很长一段时间内,货币问题一直为经济学话语所垄断,社会学家们大多忽视了这一重要主题。一个主要的例外是帕森斯。他在经济社会学中对货币与社会的关系曾给予了一定的关注。受新古典经济学的影响,帕森斯认为货币是一种购买物品和服务的一般化的媒介,在生产和交换中起着媒介作用。所以货币是维持帕森斯的 AGIL 功能模式运行的重要因素。②

1978 年,西美尔的巨著《货币哲学》被翻译成英文出版,开始引起社会学家们的注意。③ 此后,1985 年格兰诺维特提出经济行动的社会嵌入问题,以社会学的方法研究经济学问题的新经济社会学得到极大发展。新经济社会学围绕着"嵌入性"和"经济的社会建构"这两个核心概念,形成了三个较为集中的主题,即网络研究、组织研究和文化研究。④ 正是在这样的思想背景下,货币社

---

① [德]韦伯:《韦伯作品集:经济行动与社会团体》,康乐、简惠顾美译,广西师范大学出版社 2004 年版,第 142 页。

② Parsons. T, "General Theory in Sociology", in Merton. R (ed), *Sociology Today*, Basic Books, 1959, p. 17.

③ 参见 Laidler. David and Rowe. Nicholas, "Georg Simmel's Philosophy of money: A Review Article for Economists", *Journal of Economic Literature*, Vol. 18, No. 1, 1980.

④ Swedberg. R, "Major Traditions of Economic Sociology", *Annual Review of Sociology*, Vol. 17, 1991, pp. 251 – 276.

会学迎来了新的复兴,并形成了一定的理论框架。

1. 作为社会网络建构的货币

货币的网络理论认为,货币现象是被社会性的限定的,是"嵌入"于社会关系网络中并作用于社会关系网络的。

英国著名社会学家吉登斯将货币与现代性的时空网络特征联系起来分析。吉登斯认为现代性的重要特征之一就是"脱域"机制,即社会行动、社会关系从地域性情景中脱离出来。而货币是"脱域"机制发挥作用的重要因素,"货币是时空伸延的工具,它使时间和空间中分隔开来的商人之间的交易成为现实"。①科尔曼在《社会理论的基础》中主要研究货币在现代经济交换和社会交换网络中的作用。他认为货币诞生以来的三种形式,即商品货币、信用货币与不兑现纸币,反映了不同的社会信任网络。社会学家多德(Dodd, N.)直接指出,货币本身就是一种社会网络。他主张以货币网络(Monetary Networks)的概念来分析交易工具(即各种不同材质或特性的货币)所依赖的、使得交易发生的社会关系网络。②

2. 作为社会组织建构的货币

货币的组织建构理论认为,一方面,货币对于现代社会组织系统的运转具有重要功能;另一方面,现代货币及其使用又受到市场经济的社会结构的影响和制约。

卢曼延续了帕森斯货币思想的结构功能主义分析思路。卢曼指出,在现代社会,货币是社会系统简化复杂性的基本社会机制之一。货币发挥简化复杂性的作用是与信任机制分不开的。③ 哈贝马斯对货币与社会的关系持一种批判性的眼光。现代社会的危机表现为系统对生活世界的殖民化。所谓生活世界的殖民化就是生活世界中语言的交往媒介被系统的沟通媒介,即货币和权力所取代,

---

① [英]安东尼·吉登斯:《现代性的后果》,田禾译,译林出版社2000年版,第21页。
② Dodd. Nigel, *The Sociology of Money*: *Economics, Reason and Contemporary Society*, London: Polity Press, 1994, pp. 7 – 8.
③ [德]尼克拉斯·卢曼:《信任》,瞿铁鹏译,上海人民出版社2005年版。

"经济和国家的媒体控制的下属体系,借助货币和官僚政治的手段,渗入了生活世界的象征性再生产"①。在生活世界的殖民化过程中,人们之间相互交往的媒介不是语言,不是相互之间的理解,而是金钱和权力。与哈贝马斯类似,甘斯曼(Ganssmann, H.)和贝克(Baker, W.)强调了货币现象背后的权力因素。甘斯曼批评帕森斯、卢曼等人的货币分析的结构功能主义视角。他坚持马克思将货币视为物化的社会生产关系的观点,认为货币并非像帕森斯等人所认为的那样,是一种中性的无害的社会工具,而是被用来生产和再生产社会经济统治关系的一种社会压迫武器。②贝克认为现代货币及其使用由市场经济的社会结构所决定。通过分析各个能动者参与货币金融市场的情况,贝克指出了非银行金融机构在现代货币金融市场体系中的权力与影响,从而说明了为什么中央银行不能完全控制现代货币。③

3. 作为文化建构的货币

货币的文化理论指出,货币不仅仅具有经济属性,而且具有文化属性。每一种货币的获取、使用都受到特定文化氛围的影响与制约。在不同的文化语境中,货币所呈现的社会意义是不同的。

新经济社会学文化理论的代表人物齐莉泽(Zelizer, V. A)反对货币的社会结构决定论,提出货币的文化解释。她认为货币的形态多种多样,每一种货币都受到特定的一套文化和社会因素的制约,因而各有质的差别。例如某些货币专用于特定的用途,专款专用;不同的人使用不同的货币;工资收入与彩票奖金有不同支出途径。因此,齐莉泽提出"各种特殊货币"(special monies)的概

---

① [德]哈贝马斯:《交往行动理论》第2卷,洪佩郁、蔺青译,重庆出版社1994年版,第457页。

② Ganssmn. H, "Money – A Symbolically Generalized Medium of Communication? On the Concept of Money in Recent Sociology", *Economy and Society*, Vol. 17, No. 4, 1988.

③ Baker. W, "What is Money? A Social Structural Interpretation", In Mizruchi. M and Schwartz. B (eds), *Intercorporate Relations: A Structural Analysis of Business*, Cambridge: Cambridge University Press, 1987.

念来标识这些不同的货币。① 社会学家费里科夫（Falicov, C.）进一步讨论了货币使用在拉美人和白种的中产阶级新教徒的美国人之间的文化差异。拉美人的家庭是大家庭，重视情感，集体意识强，个人所挣的或拥有的金钱也往往被其他家庭成员用于资助困难的亲朋好友。中产阶级的美国人的家庭是核心家庭，是个人主义的。金钱往往被视为是对个体努力的回报，同时也是个体自我表现的手段。当处于经济困难时，中产阶级的美国人往往通过制度化途径贷款，而非像拉美人那样通过人情关系。②

（三）货币社会学的研究视角与理论前景

从上述货币社会学的历史脉络和研究现状中，我们大致可以归纳出货币的社会学研究在四个方面不同于货币的经济学分析。第一，社会学家以经济是社会的一个部分为理论基点，试图澄清货币与货币制度的社会、文化嵌入性。西美尔、凡勃伦、卢曼、齐莉泽等人都在此用力甚多。第二，与经济学家将货币作为一个中性的交换媒介或工具不同，社会学家对社会和政治权力与货币现象之间互相作用方式感兴趣。马克思、哈贝马斯、贝克、甘斯曼等人都注意到货币背后所隐藏的政治、经济、社会权力的斗争。第三，社会学家关注现代社会关系网络的建构中货币的影响。韦伯与科尔曼特别注意到货币与现代社会的理性化趋势的内在关系。帕森斯和卢曼强调了货币在各个社会系统之间的交换作用。吉登斯则突出货币的社会时空特性。第四，与货币经济学常常是用数学模型、量化方法不同，社会学家对货币与社会的关系多采用历史的、比较的、阐释的方法。马克思、西美尔等经典社会学家对货币的阐释还带有浓厚的哲学思辨的意味。这种意味在哈贝马斯、卢曼等现代社会理论家中仍有体现。而更多的现代社会学家则主要从历史的、实证的视角分析货币与现代社会的内在关系。

---

① Zelizer. V. A, "The Social Meaning of Money: Special Monies", *American Journal of Sociology*, Vol. 95, No. 2, 1989.

② Falicov. J. C, "The Cultural Meaning of Money: Case of Latinos and Anglo – Americans", *Amercian Behavioral Scientist*, Vol. 45, No. 2, 2001.

货币社会学研究已经取得了一定的成果,并且正在得到越来越多的社会学家的重视。目前,货币社会学已经成为当代社会学,特别是经济社会学中的一个重要的研究领域。[①] 但是货币社会学仍然存在着较大的、可继续拓展的理论空间。主要表现在以下几个方面。

从理论内容看,首先,目前货币社会学缺乏对货币的社会本质、起源等基本问题的深入探讨。货币的本质规定货币与现代社会的关系,要正确把握货币与现代社会的关系,就必须先弄清楚货币的本质。弄清货币的本质是正确理解货币与社会世界各种关系的前提和基础。而目前的货币社会学对于"货币是什么"这个本体论问题,充满了争论。[②] 社会学家们或是直接套用经济学的货币界定:货币就是货币的功能,例如帕森斯、卢曼等人;或是避而不谈货币的本质问题,只是研究货币的社会、文化效应,例如西美尔、齐莉泽等。在争论中,马克思关于货币是一种社会关系的本质界定得到较多学者肯定。但是货币所体现的社会关系的具体内涵是什么,仍然莫衷一是。[③] 其次,货币社会学缺乏对一些具体社会现实问题的深入分析。例如货币与国家、银行机构的关系问题;货币金融危机对社会秩序、社会心理的深刻影响;现代金融组织的社会条件等等。而且货币社会学对一些新兴的货币现象、货币制度也缺乏及时地跟踪。例如,欧元的出现对传统国定货币以及民族认同意味着什么?一种跨国界、跨地区的货币联盟出现需要怎样的社会、经济、文化条件?与此相反,一种不使用货币的地区交换贸易系统(Local Exchange Trading Systems,简称 LETS)正在一些国家和地区出现[④],它是否预示着一个消除货币的未来?这些问题还未得到社会学

---

① 在 1994 年出版的《经济社会学手册》和最新修订的 2005 年版的《经济社会学手册》中,货币社会学都占据着重要位置。见 Mizruchi. M & Stearns. L,"Money,Banking and Financial Markets",in Smelser. N&Swedberg. R (ed),*The Handbook of Economic Sociology*,Princeton University Press. 2005.

② Dodd. N,"Laundering Money:On the Need for Conceptual Clarity Within the Sociology of Money",*European Journal of Sociology*,Vol. 46,No. 3,2005.

③ Ingham. G,"Money is a Social Relation",*Review of Social Economy*,Vol. 54,No. 4,1996;Lapavitsas. C,"The Social Relations of Money as Universal Equivalent:A Response to Ingham",*Economy and Society*,Vol. 34,No. 3,2005.

④ [美]贝尔纳德·列特尔:《货币的未来》,林罡译,新华出版社 2003 年版,第 6 章。

家的重视。

从研究路径看,首先,目前货币社会学的文化路径与结构路径在很大程度上是相互分离的。人们或是强调货币对社会、文化、心理的影响,忽视货币的社会基础;或是专注货币的功能运作,忽视货币的社会文化后果。实际上,一个完整的货币理论必须显示出在现代社会中社会关系和意义系统是如何形塑货币的,同时也要阐释现代货币产生的社会文化效应,这是一个问题的两个方面。其次,实际上要厘清上述问题,仅仅局限在社会学的单一学科视野中是远远不够的。货币与现代社会世界的关系是全面的、整体的,涉及社会结构、文化发展、人的精神世界等各个方面。因此,货币研究必然要求多学科、跨学科的合作与整合。货币社会学必须积极借鉴和吸收货币地理学、货币心理学、经济人类学等学科的成果与方法。

从思考语境看,目前的货币社会学大多是研究货币在西方社会、文化的背景中的社会意义。而货币作为社会的产物,在不同的社会、经济、文化空间中会呈现出不同的意义。特别是在中国这个对金钱有着种种禁忌与情结的国度,金钱在民族的文化心理、价值坐标、社会交往中究竟扮演着什么样的角色,还需要深入地分析与思考。进一步说,我们正在进行社会主义市场经济建设,市场经济从某种意义上说就是货币经济。人民币汇率问题、金融风险的防范与监管、股市的升降、物价的波动等问题都不仅仅是一个纯粹的经济问题,每一个问题都关涉到人们日常生活的方方面面,具有深远的社会影响。因此,现代中国人迫切需要一种成熟的、健康的货币观。除了懂得怎样赚钱、怎样用钱、怎样理钱以外,还要深刻认识和理解货币与中国社会发展、货币与文化心理、货币与人的自由等等关系。总而言之,如同"迈向中国的新经济社会学"一样[1],货币社会学要得以复兴和实现多元化,就必须同样要有各民族国家的学者进行面向本国经验事实的研究。货币社会学指向中国问题的研究或以中国经验为背景的研究,将不仅有助于提升货币社会学对于本民族国家的服务效用,而且能

---

[1] 汪和建倡导一种对旧经济社会学进行"创造性转化"的有中国特色的新经济社会学,见汪和建:《迈向中国的新经济社会学:交易秩序的结构研究》,中央编译出版社1999年版。

够从具体而独特的问题中引申出不同的研究出发点及独特的分析问题的概念和方法论模式,从而最终达到繁荣货币社会学的目的。

总而言之,在现代社会,当货币远远超出经济范围而成为社会问题的时候,货币这种经济范畴就越来越涵盖社会的性质。就货币具有更广泛的社会性质而言,它比生产资本更直接地同社会绝大多数人的利益、生活方式以及生存命运联系在一起。因此,在这个意义上说,在探讨货币的性质时,不能只是从它与生产的关系,更应将其与社会整体结构的关系,与现代文化发展的基本状态的关系,与现代人生存方式深层变革联系起来加以研究。因此,从社会整体结构和人的社会文化活动的角度全面探讨货币问题,这是货币的社会逻辑。

六、社会世界中的货币:现代西方多学科货币研究追踪

"对于那些以全面地解读文化与社会(当然也包括本来意义上的经济)为目的的科学来说,考察货币理应是其研究的主线之一;对于那些力图洞悉深层系统的奥秘而置身危域的结构主义者、分析心理学家和宗教学者来说,分析货币就更是他们研究的课题中应有之义。"[①] 货币作为社会的产物,本身就决定了货币问题不仅仅是一个涉及贸易、金融、市场的经济学问题,而且是涉及社会结构、制度安排、人际关系、价值观念、文化生活的社会、文化问题,更是一个与现代人的精神状态、生活方式密切相关的深层次问题。经典社会理论大师马克思与西美尔对此有一个共同的隐喻:货币是现代社会的"世俗之神"。因此,在西方,从社会发展、文化生活与人的精神、心理状态等视角研究货币在现代社会世界中的多重意义与影响,成为社会学、人类学、精神分析、心理学、地理学、符号学与语言学等诸多社会科学研究的重要内容。长期以来,国内社会科学界的研究还仅仅限于货币经济学的研究领域内,相关的介绍还很有限。因此很有必要引介当代西方多学科的货币研究。

---

① [日]栗本慎一郎:《经济人类学》,王名等译,商务印书馆1997年版,第107页。

(一) 社会学领域

自 19 世纪社会学诞生以来，经典社会学家都坚持认为货币不单单是一个经济现象，而是复杂的社会、文化、政治关系建构的产物，本身承载着深刻的人性的、形而上学的精神意义。马克思在《资本论》中就认为货币拜物教充分体现了资本主义社会关系的物化现实。西美尔在《货币哲学》中深刻洞察到货币与现代文化的客观化的深层关联。韦伯在《经济与社会》中也指出货币是社会理性化强有力的工具。

"二战"后的很长一段时间内，货币研究一直为新古典经济学所垄断，货币基本在社会学家的视野之外。1978 年西美尔的巨著《货币哲学》被翻译成英文出版，开始引起社会学家们的注意。1985 年格兰诺维特提出经济行动的社会嵌入问题，为货币的社会学分析提供了有力的理论工具和方法，此后货币的社会学研究开始复兴。从目前的研究成果看，关于货币的社会学研究主要沿着两个向度来展开的：第一个向度是结构层面，关注货币在社会结构、社会关系中的作用；第二个向度是文化层面，关注文化对货币的形塑意义。

贝克（Baker, W.）认为应该从结构的视角研究货币与市场经济，将其看作是一个具有众多能动者参与的社会结构。现代货币及其使用由市场经济的社会结构所决定。通过分析各个能动者参与货币金融市场的情况，贝克指出了银行、非银行金融机构与政府在现代货币金融市场体系中各自的权力与影响，说明了现代社会中对货币控制权的权力结构的斗争，从一个层面呈现了现代货币经济的基本社会结构。[1]

多德（Dodd, N.）总结了近年来的货币社会学研究成果，提出四个观察视角：一是政治经济学的视角，研究古典经济学和新古典经济学中有关货币的经济功能；二是民族国家的视角，研究货币主权、货币体系运行的制度保障；三

---

[1] Baker. W, "What is Money? A Social Structural Interpretation", In Mizruchi. M and Schwartz. B (eds), *Intercorporate Relations: A Structural Analysis of Business*, Cambridge: Cambridge University Press, 1987.

是文化视角,延续西美尔的思路,研究成熟货币经济的文化后果;四是社会系统的视角,根据帕森斯、卢曼等人的思想,研究货币在社会体系中的作用。他还着重指出现代社会使货币运行的技术性、结构性的条件和制度是社会学家研究的重点对象。①

(二)人类学领域

货币是西方人类学分析的一个重要范畴,特别是在经济人类学领域。经济人类学认为,货币作为沟通社会与经济之间的一种制度性手段,它的运动和性质是由每一种社会的基本性质和文化模式所决定的。

人类学家莫斯在《礼物》中就指出,出现在交换行为和支付行为中的货币的种类,是由人们在社会上的身份或掩盖着交易行为的礼仪所决定的。马林诺夫斯基在《特罗布里恩岛民的原始经济》中认为,假如我们按照现代经济理论给货币下的定义,把其视为集价值尺度、流通手段、储藏手段为一体的物体,那么在古代经济中就没有货币。波兰尼(Polanyi, K.)明确区分了有限目的货币(limited pourpose money)与全目的货币(all purpose money)。在他看来,原始经济交易中的货币只能是一种被限定了目的的"有限目的货币",它与现代社会中承担着五种基本职能的"全目的货币"是存在显著差异的。全目的货币不过是反映着高度发达的现代信用制度和高度组织化的市场体制的产物。道尔顿(Dalton, G.)进一步发展了波兰尼等人的观点,认为所谓原始货币一是指货币的材质是原始的(牛、布、贝壳、盐等),二是指币的使用是原始的。现代货币是非个性化的、非个体的、商业的、世俗的,原始货币是个性化的、有神圣意义和道德情感标识的,两种货币的差异根源于不同的社会经济结构。②

梅利兹(Melitz, J.)对于波兰尼学派对原始货币与现代货币的二分法提出

---

① Dodd. Nigel, *The Sociology of Money: Economics, Reason and Contemporary Society*, London: Polity Press, 1994.

② Dalton. G, *Primitive Money. American AnthropologistNew*, Series, Vol. 67, No. 1, 1965.

质疑。他认为现代货币并非是全目的货币,而是有限目的的。首先,因为现代任何一种货币都不可能同时履行五种货币功能,硬币、纸币、支票、存款各自有不同的经济功能。其次,现代货币同样受制于社会文化环境。例如,硬币主要适用于小额数量的支付,对于大额经济交易,它显得过于笨重和费时。更进一步说,现代社会中,我们的货币并非无所不能,有些事物例如政治地位、儿童、专业职务等,是不能通过货币购买的。①

此后,人类学家对于货币交易与社会、文化关系的探讨日益深入。盖耶(Guyer, J.)研究了西非的货币史,对那种认为一般化的欧洲货币驱逐了西非早期的地方化的、"原始性"货币的传统观点提出了质疑和挑战。② 帕里(Parry, J.)和布洛克(Bloch, M.)以大量的民族志文献表明了货币的文化变量,驳斥了认为货币具有消解所有差异的同质化影响的观点。货币不是必然溶解所有文化差异,吞噬所有质的区分,化约个人关系为非个人关系的"硫酸溶剂"。货币往往是由运用其中的社会文化基质所标识的,货币不仅仅能颠覆社会关系,同时也是建构社会关系的有力工具。③

(三)精神分析领域

对货币的精神分析断言,一切被占有之物、财产和财产的普遍凝结物——金钱,从本质上说都具有人的排泄物特征,人的性格与此有密切关系。这一理论始于弗洛伊德。在1908年出版的《性格与肛门性欲》中,他认为人在婴儿期要经历一个肛门阶段:生命能量集中在肛门区域。基本形式是在肛门产物上附加象征意义:肛门产物对于孩子来说获得了作为其创造物的意义——他可以用它在游戏中得到自恋快感,或者从别人那里得到爱(以粪便为礼物),或者向他人表明独立(以粪便为财产),或者对他人实行攻击(以粪便为武器)。这样,

---

① Melitz. J, "The Polanyi School of Anthropology on Money: An Economist's View", *American Anthropologist*, *New Series*, Vol. 72, No. 5, 1970.
② Guyer. J (ed), *Money Matter*, Portsmouth: Heinemann, 1995.
③ Parry. J and Bloch. M (ed), *Money and the Morality of Exchange*, Cambridge: Cambridge University Press, 1989.

社会行为中的某些最重要的范畴（游戏、礼物、财产和武器）就从婴儿期的肛门阶段产生了。当婴儿期终结后，非身体性的文化事物承接了本来附着于肛门产物的象征意义。财产的范畴由排泄物转移到金钱上。由此弗洛伊德解释了一些古老的传说和语言运用，例如魔鬼送给他情人的黄金，在他离开后就变成粪便，以及"钻钱眼"之类的说法。

此后，费伦齐（Ferenzci, S.）和阿伯拉罕（Abraham, K.）继承了弗氏的理论，分别发表了《货币偏好的个体发生》和《不安状态中的货币浪费》。前者指出尽管人们对货币的偏好因个人的生活条件或经历的不同而有差异，但这种对货币的偏好都与肛门性欲有关，在这一点上个人之间几近相同。后者认为货币的使用并不产生于货币的经济功能，而是趋向于货币的影像。罗海姆（Roheim, G.）在《财产的基本形态及其起源》一文中，列举了一些用以证明货币与排泄物关系的实例。例如阿兹台克人把黄金视为"神的粪便"等。奥尼尔等人则把成年人的一些对待金钱的性格态度与婴儿期的排便控制联系起来，一个吝啬鬼储存金钱的态度就像一个孩子面对父母的要求而拒绝大便；而一个挥霍者却追忆顺从父母的权威而大便所带来的赞许和关爱。鲍内曼（Borneman, E.）则对上述研究做了总结性的整理，编著了《货币的精神分析学》一书，为这一问题的进一步理解提供了较为丰富的实证材料。①

（四）心理学领域

心理学认为，货币并不仅仅是一种交换工具，它隐藏着人们对人性的深刻认识，反映着人们的人格特点和价值期待，并由此影响到人们的思想、情感和行为。因此，西方货币心理学主要研究货币对于不同的人具有何种意义、它是如何影响着人们的工作态度的、它能引起何种动机、它在人们的行为中是如何发挥效用的。

从理论研究看，首先，心理学研究货币与个性人格的关系。多伊奇（Doyle, K.）总结了古代元素论和医学、存在主义精神分析理论、当代社会心

---

① Borneman. E（ed），*The Psychoanalysis of Money*, New York: Urizen Books, 1976.

理学以及当代人格研究中对人格类型的四分法,认为人格类型的四分法是理解人类个性的基础。各种人格具有不同的金钱动机和行为:驱使型人格靠显示成就取得自信,将金钱当作一种护身符,把钱花在能证明自己比他人成功的事情上;谦和型人格将金钱作为驱除恐惧的法宝,节约金钱以控制他人;分析型人格常常有讨价还价行为及囤积行为;表现型人格花钱买尊敬,常有表现其特权感和拥有感的行为。① 其次,研究货币在个体成长的不同阶段中的不同意义。例如,在零花钱的使用方式对于儿童的社会化的影响,青年阶段金钱对于个体获得独立自主地位的重要意义,成年和老年阶段,在通过捐赠、慈善去回报社会时货币的作用。再次,研究货币在社会组织中的作用,例如在家庭关系中金钱和物品的交换与市场经济中的交换的差异,夫妻双方对货币收入的不同控制,货币报酬在工作动机中的刺激效应。②

从应用研究看,西方的货币心理学将上述理论研究应用于社会生活的许多方面,取得了很多成果。首先,金钱心理与生活、工作满意度的关系研究。美国心理学家唐(Tang, T.)及其合作者发展了一系列标准化的"金钱伦理问卷"。运用该问卷,他们主要进行了金钱伦理观与生活、工作满意度及工作积极性关系的调查研究,特别是金钱伦理观与辞职、"跳槽"行为之间关系的研究。其次,金钱心理与精神健康的关系研究。美国心理学家鲁本斯坦(Rubenstein, C.)通过《今日心理学》杂志调查发现,两万个美国读者在选择一系列形容词形容金钱时,焦虑、失望、愤怒和无助等感情位居榜首,其后才是幸福和兴奋,还有嫉妒、怨恨、恐惧、内疚、痛苦、怀疑和悲伤等感情,并且女性的负面感情超过男性。③

---

① Doyle. K, "*Toward a Psychology of Money Amercian Behavioral Scientist*", Vol. 35, No. 6, 1992.
② [英]艾德里安·弗恩海姆、[英]迈克尔·阿盖尔:《金钱心理学》,李丙太、高卓、张葆华译,新华出版社2001年版。
③ 杜林致、乐国安:《国外金钱心理研究综述》,载《西北师大学报》(社会科学版),2002年第2期。

（五）地理学领域

货币地理学主要研究货币关系的空间组织，其理论基础是有关空间的社会生产理论：空间的表达方式是被社会性地建构起来的。货币空间同样也是由社会、市场、国家和国际力量所塑造的。货币空间的变化反映出社会各种权力关系、利益关系的变化。

科恩《货币地理学》理论的出发点是对自然空间和功能空间的区分：前者围绕地点或位置，后者则围绕交易或关系的网络。货币的自然空间是由政治地理中的领土范围界定的，其典型代表是 17 世纪威斯特伐利亚和会以来，货币被视为民族国家的独立主权。科恩将这种货币空间称之为货币地理的威斯特伐利亚模式。货币的功能空间是由各种社会空间，由每一种货币的有效使用和威信界定的，而不是由政治疆界界定的。科恩认为我们目前正处于货币的自然空间向功能空间的转型过程中。这是因为市场驱动的货币竞争正在改变全球的资源和权力分配结构。金融的全球化伴随着日益增加的跨境货币使用和竞争冲击着货币空间的威斯特伐利亚模式。货币空间不再仅仅由政治主权所塑造，市场竞争越来越起着重要作用。①

柯布里奇（Corbridge, S.）和斯瑞夫特（Thrift, N.）在《货币、权力与空间：导论与综述》中指出，当前的货币空间研究主要在三个方面展开。首先是关于国家货币与国际货币的转换和规制，特别是国际货币体系的历史演化背后的一些根本性问题：主权、霸权、依附和国际秩序等等。不同的理论流派，包括马克思主义、新凯恩斯主义、货币主义对此都有不同的解释。其次是关于国际金融市场与某一国家、地区之中的金融、资本的相互作用关系，特别是后布雷敦森林体系时代，金融市场的自由化及其内在风险。第三是研究货币共同体的技术、文化以及美学维度。货币不仅仅是一个经济现象，也是一个交织着不

---

① ［美］本杰明·科恩：《货币地理学》，代先强译，西南财经大学出版社 2004 年版。

对称权力关系的社会、文化现象。①

（六）语言学与符号学领域

语言学与符号学认为，语言符号是一种人工制品。符号具有物质的实在，可以通过感官感知，同时符号又是可以象征表现自身以外的它物：在文化上，语言符号可以在多种情景中被使用，以表达和传递文化过程与社会意义。货币同样如此。货币不仅仅是一种物，而且是承载和表征着经济、社会、文化、历史等多种意义的物。

索绪尔对能指与所指的区分是语言学和符号学对货币分析的基础之一。就货币符号而言，货币的能指就是历史上作为货币材料的各种物：金银、纸币、支票等等；货币的所指就是货币所交换到的商品。索绪尔认为语言符号的每个能指与自己的所指的关系，就如同每个钱币与人们在交换中可以获得的物品的关系。②后现代社会理论家鲍德里亚运用索绪尔的理论来分析后现代条件下货币的特征，他认为后现代社会是仿真、影像主导的社会。仿真就是所有的符号自身相互交换，但不与真实交换。符号的能指方面获得了解放：它摆脱了过去那种指称某物的古老义务，可以按照一种随意性和不确定性展开组合游戏。现代货币符号已经与一切社会生产关系和交换关系相分离，成了一种自由浮动的能指："货币被掏空了生产的目的性和生产的情感，它成为思辨性的。它从金本位到流动资本和普遍浮动制，从参照符号变为结构形式。这是浮动能指特有的逻辑。"③

另一派学者以后期维特根斯坦的语言游戏理论为基础分析货币的意义问题。卡拉瑟斯等人（Carruthers，B. & Espeland，W.）指出，如同语言的意义，货币的意义同样不能化约为它所表征的事物。货币的意义并不取决于所有货币的某种共同属性，相反，它的意义依赖于人们在具体社会场景中的运用。货币的意

---

① Corbridge. S and Thrift. N，"Money，Power and Space：Introduction and Overview"，In Corbridge. S Thrift. N（ed），*Money*，*Power and Space*，Cambridge：Blackwell，1994.
② ［瑞士］索绪尔：《普通语言学教程》，高名凯译，商务印书馆1980年版，第116页。
③ ［法］波德里亚：《象征交换与死亡》，车槿山译，译林出版社2006年版，第30页。

义就像语言的意义一样,是多样的、实践的、具体化的。① 语言的意义虽然是含糊的,但不是任意的。不同的语言参与者所构成的语言游戏活动就为意义的确定提供了参照框架和必要的规则。克伦普(Crump, T.)认为,货币交易也是一种游戏。参与者在服从不同的游戏规则(市场的、家庭婚姻中的)的前提下,互相竞争,尽可能将自己的收益最大化。不同社会存在不同的货币游戏体系:开放的与封闭的;稳定的与动荡的;持久的与暂时的;等级的与平等的;简单的与复杂的;经济的与非经济的。②

(七) 结论:货币的社会文化意义

通过上述的理论综述,我们可以发现现代西方的货币研究已经逐渐摆脱了单纯货币经济学的藩篱,进入到广阔的社会、文化的视野中。这些研究围绕着货币与现代社会世界的关系主题,凸现出几个问题关联。首先是货币与现代社会结构的关系问题。社会学、人类学、地理学的货币研究表明,货币构造出来的社会结构与社会关系在不同的时代具有不同的特点。传统社会的货币经济关系是嵌入整体社会结构中的,现代社会中的货币从社会结构的依附中独立出来发挥作用,并且在经济全球化的过程中,以资本的形式表现自己的强大力量,从而构造出"以物的依赖性为基础的人的独立性"的新的社会关系和社会结构。其次是货币与社会文化生活、价值观念的关系问题。社会学、语言学和符号学的货币研究揭示出货币对于现代文化发展的重要影响。现代急剧发展成熟的货币经济使得一个社会的文化风貌、价值观念发生剧烈改变。社会的价值观念体系日趋世俗化、实利化、货币化。"金钱面前人人平等"的价值观在破除传统的身份权力等级观念的束缚的同时,也带来了拜金主义、唯利是图的消极后果。第三是货币与现代人的生活方式的关系问题。精神分析和心理学货币研究表明,货币的存在与流动正在加速改变着现代人的生活方式,影响着现代人的精神状

---

① Carruthers. B and Espeland. W, "Money, Meaning and Morality", *Amercian Behavioral Scientist*, Vol. 41, No. 10, 1998.

② Crump. T, *The Phenomenon of Money*, London: Routledge, 1981, pp. 32–38.

态。货币在现代人的生命价值系统中的意义已经得到了空前的提升。拥有尽可能多的货币，以求得社会的认同，确立自我价值与尊严，是一种普遍的社会心理。

总而言之，西方对货币问题的多学科、多向度、多层次的研究启示我们，在探讨货币问题时，不能仅仅局限于货币的经济功能，而是应该将货币置于广阔的社会文化环境中，去挖掘货币与社会整体结构变迁的关系，透析货币经济的文化效应，彰显货币的精神心理意义，从而深化我们对货币与现代社会世界整体关系的认识与理解。

下编　货币与现代社会世界

一、货币化的现代社会世界与货币的社会理论研究

在当今世界，货币已经成为现代社会内在的、重要的组成部分。如何从货币这一角度切入现代社会结构，折射现代精神文化，反思现代人的生存困境，从更深层次上分析货币与社会世界的相互形塑关系，成为当今学术研究的重要课题。当代社会理论的兴起，为深入探讨货币与现代社会世界的关系提供了新的理论视角和研究路径。

（一）货币化的现代社会世界

21世纪的全球化在经济上的重要表现就是货币金融的全球化。世界各国或各地区在金融服务、货币政策等方面相互协调、相互渗透、相互扩张、相互竞争和制约，从而使全球金融活动和世界经济运行机制联系日益紧密，最终使全球金融形成不可分割的整体。更深一层的是，一种国际货币体系的建构不仅仅是经济问题，还与一个国家的国际地位、地缘政治、社会发展和文化意识形态战略密切相关。美元不仅具有经济价值，还象征美国的国家形象及其对全球的影响。因此，研究货币在经济全球化中的角色与功能有助于深化对全球秩序的变动和发展方向的认识。

从社会结构层面看，货币构造出的社会结构与社会关系在不同的时代具有不同的特点。传统社会中的货币具有人身依附的特征，它是依附于封建地产的，

并以地租的形式表现出来。现代社会中的货币从地产与人身依附关系中独立出来,以资本的形式表现自己的强大力量。现代社会关系和结构的重要体现和内容,就是通过货币实现各种社会资源的测量、比较和交换。货币牌价、汇率变动、股市行情、成本核算、计量分析等将人与自然、人与人之间的关系和行为完全以货币等价物的形式表现出来,构造出"以物的依赖性为基础的人的独立性"的新的社会形式、社会关系和社会结构。因此,在现代社会中,货币无疑具有极其重要的交往和评价手段,对于塑造和理解现代社会关系和社会结构都具有决定性的意义。

从文化生活层面看,"如果我们把文化看成是网罗进社会价值与意义传达的代码之中去的符号和意义的那种复合物的话,那么我们至少就可以着手解开今天条件下它的复杂性之任务,认识到货币和商品本身就成为文化代码的主要承担者"①。现代急剧发展成熟的货币经济使得社会的文化风貌、价值观念也发生剧烈的变化。传统的精英文化、高雅文化日益受到金钱、市场的侵蚀。大众性的、消费性的、商业性的文化也在金钱、市场的推动下蓬勃发展。市场供求和生产性财富被视为"文化生产的盟友","金钱是实现创造性表现和艺术交流目的的途径"②。在货币经济的影响下,社会的价值观念体系日趋世俗化、实利化、货币化。"金钱面前人人平等"的价值观在摆脱传统的身份权力等级观念束缚的同时,也带来了拜金主义、唯利是图的消极后果。因此,深入研究货币与社会文化生活的关系不但有助于我们树立一种成熟的、健康的、适时的货币社会观、价值观和文化观,而且对于社会主义市场经济体制正常、有序、健康的运行,具有特别重要的意义。

从现代人的精神世界层面看,货币的存在与流动正在加速改变现代人的生活方式,影响现代人的精神状态。正如社会心理学家林德格瑞指出:"在社会金钱竞争中,濒临失败、垮台的人,最初还只是扫兴(欲望得不到满足),继而是忧郁,最后干脆变得麻木不仁了。人们很清楚,一旦没有钱,便削弱了奋斗的

---

① [美]哈维:《后现代的状况》,阎嘉译,商务印书馆2003年版,第375页。
② [美]考恩:《商业文化礼赞》,严忠志译,商务印书馆2005年版,第25页。

基础,这种心理上的影响会降低自我价值感。"① 这表明,在现代这个以货币经济为主导的社会中,货币在现代人的生命价值系统中的意义已经得到空前的提升。拥有尽可能多的货币,以求得社会的认同,确立自我价值与尊严,是一种普遍的社会心理。在此过程中,如何摆正货币价值、社会价值与自我价值的关系,避免在追求金钱的过程中迷失自我,陷入货币拜物教的泥淖,就成为紧迫的现实问题。因此,在某种意义上,理解货币就是理解人、理解人性、理解我们自己。

(二)超越经济学:多学科货币研究的现代兴起及其理论域限

长期以来,货币问题一直是经济学研究的重要内容。现代经济学基于货币的经济职能,深入分析货币在现代市场经济运行中的机制与作用,提出许多重要的货币经济学命题。在货币经济学中,货币的功能和特性被严格地以经济学的方式界定。货币被视为中立性的市场交换媒介,是经济活动的"面纱"。所有货币只有量的不同,没有质的差异。因此,在货币经济学的帝国世界中,人们看不到货币与社会结构变迁的深层关联,不明白现代文化中货币的各种符号意义,更不理解手中的货币在自己精神世界中的位置。显而易见,货币经济学在深化人们对现代货币、金融、银行的内在运行机制的认识的同时,也用各种艰深的术语和繁杂的数学方程式遮蔽了货币与广阔的社会生活世界的微妙关系。

在这样的理论背景下,突破货币经济学的狭隘视野,从哲学、社会学、心理学、人类学、语言学等多学科的广阔视野中分析和研究货币尤显必要。正如经济人类学家栗本慎一郎指出:"对于那些以全面地解读文化与社会(当然也包括本来意义上的经济)为目的的科学来说,考察货币理应是其研究的主线之一。"② 在现代经济学垄断货币话语霸权之前,社会思想家们都坚持认为货币不单单是经济现象,而是复杂的社会、文化、政治关系建构的产物,本身承载着人性的、形而上学的精神意义。在经典社会理论家思想的基础上,当今西方学术界继续深化对货币与现代社会世界关系的研究。社会学、心理学、人类学、

---

① [美]林德格瑞:《金钱心理学》,宿久高、小筠译,吉林人民出版社1999年版,第96页。
② [日]栗本慎一郎:《经济人类学》,王名等译,商务印书馆1997年版,第107页。

语言学等人文社会科学都对此问题予以强烈关注。

关于货币的社会学研究主要沿着两个向度展开。第一个向度是结构层面，关注货币在社会结构、社会关系中的作用。例如帕森斯、卢曼、哈贝马斯等人从结构功能主义出发的货币分析以及科尔曼立足于理性选择理论的货币分析。第二个向度是文化层面，关注文化对货币的形塑意义。例如齐莉泽就反对货币的社会结构决定论，提出货币的文化解释。她认为货币的形态多种多样，每一种货币都受到一套特定的文化和社会因素的制约，因而各有质的差别。① 经济人类学认为，对货币含义的分析比较是分析社会的一个重要工具。货币作为沟通社会与经济之间的一种制度性手段，它的运动和性质是由每一种社会的基本性质和文化模式所决定的。在原始社会中，经济活动被嵌入在社会的组织和机理之中，经济交易只能是一种与人的地位及其所有可移动的价值物地位关联的社会行为，所以原始经济交易中的货币只能是一种被限定了目的的"有限目的货币"（limited purpose money）。它与现代社会中承担着五种基本职能的"全目的货币"（all purpose money）是存在显著差异的。全目的货币是高度发达的现代信用制度和高度组织化的市场体制的产物。②

尽管现代社会与文化倾向于认为货币是世俗的，与宗教的神圣意义没有关系，但是许多宗教学研究者仍然坚持认为，无论是过去还是现在，货币与宗教仪式、神圣观念都存在密切联系。目前，货币的宗教学研究主要从两个方面展开：一是研究货币起源与散播中的宗教因素；③ 二是研究货币使用中的神圣意蕴及其现代表现。④

受中国市场经济的发展、金融全球化的冲击以及人民币升值等现实问题的激发，近年来国内学术界也逐步展开对货币与社会世界的关系研究，主要集中在哲学、人类学和文学领域。

---

① Zelizer. V. A, "The Social Meaning of Money: Special Monies", *American Journal of Sociology*, Vol. 95, No. 2, 1989.
② ［日］栗本慎一郎：《经济人类学》，王名等译，商务印书馆1997年版，第107页。
③ Desmonde. W, *Magic, Myth, and Money*, The Free Press Glencoe, 1962, p. 45.
④ Bellkn. R, "The Sacred Meaning of Money", *Journal of Economical Psychology*, No. 11, 1990. p36.

国内目前的货币哲学主要是从以下几个方面来研究的：第一，重新挖掘马克思的货币哲学思想；第二，探讨西美尔的《货币哲学》的理论意义；第三，分析货币力量的深层本体论及其与社会结构变迁的关系；第四，展开现代性的货币批判。①

国内人类学对货币与社会的关系研究主要秉承波兰尼的经济人类学思想。陈庆德在《经济人类学》中认为，为了理解包括货币关系在内的社会关系体系，必须有一个比较的和历史的视野，即经济人类学的视野。货币并非从来就有，而是一个历史的产物。只有将货币现象与不包括货币在内的社会关系体系加以比较研究，才能把握货币的本质特性。②

文学的视角往往以直观的、感性的方式生动地表现货币在人们现实社会生活中的复杂作用。例如赵小琪深入分析了当代文学、特别是20世纪90年代以来的新生代文学中对金钱欲的表达。他认为，在何顿、邱华栋、朱文等新生代作家的小说中，金钱欲作为人类最强烈的基本欲望之一，在以盈利为目标的市场经济社会中，不断为市场经济所刺激和调动，从而形成一种强大的驱动作用。③

当今学术界对货币的多学科、多角度的研究拓展了我们的理论视野，丰富了我们对于货币与现代社会世界关系的理解，但是也存在以下几个问题。首先，缺乏对货币本质的深入探讨。各个学科对于"什么是货币"这个问题，或是直接套用经济学的货币界定，即货币就是货币的功能，例如社会学中帕森斯等人的货币分析；或是避而不谈货币的本质问题，只是研究货币的意义，例如心理学、语言学的货币研究；或是干脆直接否定存在"一般货币"的概念，只有各种特殊货币，例如人类学。其次，就各个学科本身而言，都存在各自不同的问题。例如，人类学的原始货币与现代货币的二分法过于僵化；货币地理学一定

---

① 张雄、鲁品越：《中国经济哲学评论2004·货币哲学专辑》，社会科学文献出版社2005年版，第34页。
② 陈庆德：《经济人类学》，人民出版社2001年版，第78页。
③ 赵小琪：《金钱和金钱崇拜—新生代小说中金钱欲的文化阐释》，载《天津社会科学》，2001年第1期。

程度上夸大货币国际化的影响；符号学的货币研究缺乏历史感，缺乏超越货币符号的表面现象去把握实质的能力，无法说明货币符号发生与存在的深层原因。再次，各个学科之间缺乏沟通与联系。如前所述，货币与现代社会世界的关系是全面的、整体的，涉及社会结构、文化发展、人的精神世界等各个方面。因此，货币研究必然要求多学科、跨学科的合作与整合。最后，在研究内容上，或是强调货币对社会、文化、心理的影响，忽视货币的社会基础，例如货币的社会学、心理学、符号学研究；或是专注货币的功能运作，忽视货币的社会文化后果，例如货币的地理学等。实际上，一个完整的货币理论必须显示在现代社会中社会关系和意义系统是如何形塑货币的，同时也要阐释现代货币产生的社会文化效应，这是一个问题的两个方面。

当前，国内外对货币与社会世界的关系多学科研究已经展开，并取得了一定的成果，但是也存在一些不足。要想完整深入地阐释货币与现代社会世界的相互形塑关系，我们需要扩展学科视角、整合学科资源、转换学科思路，以便提出一种新的理论视角和研究思路。

（三）货币的社会理论研究：一种新的研究路径

社会理论是以社会历史哲学为前提和方法，以实证社会科学为基础和内容，具有实践——道德价值指向的一套观念集合和知识形态。一方面，社会理论离不开对社会历史现象及其具体社会科学的前提预设的哲学探讨。哲学能超越日常社会经验和直接的客观知识的问题和概念，并借助哲学的思辨和概括，对零碎的经验命题进行系统的关联，揭示其内在意义与价值。社会理论的研究者"多是有意识地利用哲学思维来反思经验研究的局限，弥补经验陈述力所不逮之处"[①]。另一方面，社会理论作为对社会研究的一般理论，也离不开具体社会科学所提供的经验知识，离不开对社会生活的新鲜而具体的研究。其他社会科学从不同角度为社会理论的思维抽象和理论概括提供了鲜活的经验素材。因此，社会理论结合了经验研究与哲学思辨的优势："事实上，我们在凡是被称为社会

---

① 张一兵、周晓虹、周宪：《社会理论论丛》，南京大学出版社2001年版，第1页。

理论的著作中所看到的,哲学内容与社会科学内容往往是紧密交织的,其关系也是相辅相成的。"①

社会理论本身所具有的思辨性与实证性决定了货币研究应该将哲学的思辨和价值批判与具体社会科学的实证和分析方法结合起来。目前,社会科学有关货币的实证研究已经取得了一定成果,丰富了人们对货币的具体社会文化意义的认识和理解。但是,经验主义的方法本身所具有的有限性与零碎性,决定了货币研究还无法使得人们对于货币与现代社会世界的整体关系形成一个完整清晰的图景。对货币的哲学研究,能超越日常的有关货币的社会经验和直接的客观知识的问题和概念,并借助哲学的思辨和概括,对零碎的经验材料进行系统的整合,同时基于一定的价值立场,揭示货币与社会关系的内在意义。因此,货币的社会理论研究的主题在于:哲学的思辨与社会科学的实证分析方法相结合;在坚持货币的经验研究的基础上,引入历史分析、哲学思辨和价值立场;将货币问题放入整体社会历史发展图景中,全面地从社会整体结构和人的社会文化活动的角度去探讨货币问题,从而使零碎的经验描述获得一种理论的整全性和意义的完满性。

就方法论而言,货币的社会理论研究依赖这样一种思考,即我们对现代社会世界的任何观察、理解和评价,总是发生在一种视角和框架之内,它受到个体据以进行观察的视角的限制。这种视角和框架提供概念手段,在这些概念手段中并通过这些概念手段,现代社会世界得到了描述和解释。现代社会世界是由政治、经济、文化、科技等各种因素相互作用、相互交织而形成的一个复杂的整体。每一个社会构成物都受到多种经济、社会、文化力量的相互形塑,因此每一种社会构成物都能从某种视角中折射出现代社会世界的各种力量的总体图景。由于货币经济普遍渗透了现代人类活动的全部领域,所以,它是我们分析现代社会结构、文化生活与现代人的精神世界之复杂状态的切入点。因此,这项方法论上的选择与考虑,并非暗示那种单线的因果决定论,即以为现代社

---

① 苏国勋:《社会理论与当代现实》,北京大学出版社2005年版,第5页。

会世界的形成过程与发展趋势仅仅就是货币力量决定的结果。货币并未决定现代社会，而是货币具体化了现代社会；现代社会也并未决定货币，而是现代社会利用货币。货币与社会的这种辩证互动关系，是货币的社会理论研究的方法论思考的基点。

围绕上述主题和方法论的选择，货币的社会理论研究所要解决的基本问题是货币对于现代社会世界究竟意味着什么？这其中包含三个设问：其一，货币是如何进入现代社会，如何受到社会结构制度、文化生活的形塑的？其二，反过来，货币又是如何引发现代社会、文化价值观念的转变和对现代个体心性施加影响的？其三，现代货币经济——社会结构——文化生活——现代人的生存方式是如何共生共契的？总之，货币的社会理论研究力争以双向的、辩证的理论视角，将货币的社会、文化生产与效应结合起来，充分展示货币与现代社会世界相互影响、相互形塑的互动过程，从而深化我们对货币与社会世界的关系的理解。

二、论国家货币的历史结构与现实挑战

自 20 世纪 90 年代后期起，经济全球化与金融一体化的大环境使得主权意义上的国家货币的绝对主导地位遭到了来自多方面的挑战：美元化的出现、欧元的形成乃至当前"超主权"国际储备货币的倡议等等。那么，如何理解这些挑战？这些挑战为什么会发生在目前的时代？国家货币的未来发展趋势何在？我们以为，这些问题都需要在国家货币本身形成和发展的历史过程中才能得到更充分的理解与解释。

（一）国家货币的史前史

在 19 世纪之前，还没有任何国家期望对所有货币在其自身疆界内进行统一发行和管理。各种货币任意流通，不受疆界地域限制。具体说来，这种非主权化、非国家化的货币使用主要表现为三种方式：首先，一国货币可以超出本国疆界而在其他国家和地区流通，例如，英格兰的铸币在斯堪的纳维亚地区广为

流通，各个国家为此制订出不同货币的兑换率①；其次，地方商业机构或市镇发行的低面值的地方货币并没有被整合进正式的高面值的金属货币体系；低面值货币是地方化的，在乡镇集市使用。高面值货币主要用于大规模的、远程的贸易："每种金属各司其职：黄金供王公和巨商甚至教会使用；白银用于平常交易；铜理所应当处于底层，这是小民和穷人的黑钱。"② 最后，官方发行的货币本身就是多种多样的，缺乏统一的标准。官方发行的正式铸币，无论是金币，还是银币，其实际含量、成色、标识都各不相同。甚至同一面值的铸币在不同地区的价值也是各不相同的。

因此，直到19世纪，大多数国家和地区的货币结构呈现出一种层叠式的交错的状态，而不是内在统一的排他性的现代主权国家货币体系。用著名经济史学家西波拉（Cipolla, C.）的话说："货币主权是最近的事情。一直到19世纪，没有任何西方国家享有完全的货币主权……在此之前的世纪里……货币组织的基本信念是外国铸币与本国铸币享有同等权利和它们可以不受任何特殊限制地自由进入和自由流通。"③

（二）19世纪国家货币的历史建构

19世纪是一个高扬民族主义和在国家境内普遍实现政治权威集中化的时期。日益强大的民族国家的目标是尽可能地把民族建立为由一个强大的中央权威领导的统一的经济和政治社会，"每一个国家都对本国边界的货物、货币资本和劳动力的流动拥有正式管辖权，从而，每一个国家都能在一定程度上影响资本主义世界经济社会分工得以运行的方式"④。建构一种主权性质的国家货币自然成为这个过程中合乎逻辑的重要部分。这一建构过程交织着政治、经济、文化、科技等诸多社会因素。

---

① [英] 约翰·乔恩：《货币史》，李广乾译，商务印书馆2002年版，第46页。
② [法] 布罗代尔：《15—18世纪的物质文明、经济和资本主义》，顾良、施康强译，生活·读书·新知三联书店2002年版，第542页。
③ [美] 科恩：《货币地理学》，代先强译，西南财经大学出版社2001年版，第48页。
④ [美] 伊曼努尔·华勒斯坦：《历史资本主义》，路爱国、丁浩金译，社会科学文献出版社1999年版，第26页。

1. 思想文化因素：经济民族主义的诉求。经济民族主义强调国家权力与财富之间的关系，认为经济活动要为而且应该为民族国家建设的大目标即民族国家的整体利益服务，而一种排他性的国家货币作为国家主权的重要组成部分，有助于富民强国。例如19世纪著名民族主义者费希特在其《闭锁的商业国》一文中，倡导一种由国家独立发行的货币体制。这种货币体制是控制国家经济命运，保障人民生活福利的必要工具。①

2. 经济因素：国内统一市场的推动。19世纪工业资本主义的发展冲击着前资本主义时代的高度地方化的经济，国家范围内的市场出现了更大范围的整合，而国内混乱的货币局面使得那些从事全国贸易的商人不但要反复兑换各种地区货币，而且还要不断识别各种伪造货币，这大大增加了交易成本，"物品与劳务的多尺度化使考核成本越高，其耗费的租金就越大"②。为了在更大范围的市场内减少交易费用损耗，国家有必要发行一种能突破全国各地空间限制的统一货币。

3. 政治因素：军事与财政的要求。军费开支与财政压力是推动货币系统改革的重要动力。现代民族国家建立了一支庞大的职业化的官僚机构和武装力量，这使得中央政府的财政开支急剧扩大。国家将货币的发行收归官方，统一发行单一同质的货币，这就增强了国家从居民手中获取税收的能力，增大公共支付的能力，满足了国家日益扩张的财政需求。如美国在19世纪60年代第一次生产统一的国家货币就是由于联邦政府在内战期间的财政问题引起的。

4. 技术因素：新工业技术的应用。新的工业技术在货币铸造方面的运用对于现代国家货币的大规模生产具有重要意义。这一先驱是英国人博尔顿（M. Boulton）。他在1787年到1797年之间，提出一种运用蒸汽机技术铸造货币的新方法。这种技术以均质化、标准化、批量化、低廉化极大地变革了硬币的

---

① [英] 埃里克·罗尔：《经济思想史》，陆元诚译，商务印书馆1981年版，第221页。
② [美] 道格拉斯·诺思：《经济史中的结构与变迁》，陈郁、罗华平等译，生活·读书·新知三联书店1994年版，第26页。

性质及其在货币体系中的地位。① 因此,工业技术的进步第一次使得生产大批量、统一、高质的货币形式成为可能,而且也使得假币生产更具难度。

经过一系列精心设计和深思熟虑的改革,到 19 世纪末 20 世纪初,各个国家逐渐建立了自己的国家货币。因此,主权意义上的国家货币是民族国家发展到一定阶段的历史产物,是民族国家在社会管理方面成熟的标志之一。反过来,国家货币一旦形成和完善,就会极大地加强民族国家的权力地位,并成为维护民族国家生存与发展的重要力量。

第一,国家货币是国家加强宏观经济管理的能力的重要手段。货币国家化给政府装上了两个强有力的政策工具:一是货币供应,二是汇率。这两种政策工具使得政府第一次着眼于整个国家的经济,制定全民性的经济政策。国家货币开创了"政治货币的时代"②。第二,国家货币是维护民族国家独立自主的政治空间的重要武器,能够使政府避免这种关键资源在某些方面依赖其他国家。国家货币在某个国家与世界其他地方划出了一条清晰的边界,这些边界加强了政治统治,政府在制定和实施政策时得以摆脱外界的影响或制约。第三,国家货币是强化公民的民族认同和集体意识的重要媒介。作为一种重要的经济符号和象征媒介,国家货币以物的形式象征着作为"想象共同体"的民族国家的权力、地位和荣誉,能够有效地激发个体成员对本民族国家的信心和热情。第四,国家货币是一国扩展其国际发展空间的重要因素。一国的经济实力越是强大,该国货币具有的影响越大。这种影响不仅仅表现在经济方面,而且还会扩散到政治、文化方面。"美国霸权的基础,是美元在国际货币体系中的作用和美国的核威慑力量扩大到包括了各个盟国。"③

(三)金融全球化背景下国家货币面临的现实挑战

在 19 世纪民族国家占绝对主导地位的时代,货币主权作为重要的主权象征

---

① Doty. R , "Matthew Boulton and the Coinage Revolution", *Rare Coin Review* 61, 1986.
② [美] 罗伯特·吉尔平:《国际关系政治经济学》,杨宇光译,上海人民出版社 2006 年版,第 114 页,第 126 页。
③ [美] 罗伯特·吉尔平:《国际关系政治经济学》,杨宇光译,上海人民出版社 2006 年版,第 114 页,第 126 页。

之一，专属于国家。而在金融全球化的时代背景下，国家在国际事务中的地位和作用都发生了深刻的变化。世界各国和地区放松金融管制、开放金融业务、放开资本项目管制，使货币、资本在全球各国、各地区的金融市场自由流动，正在形成全球统一金融市场、统一货币体系。这一趋势对国家主权的冲击是毫无疑义的。而作为国家主权重要组成部分的国家货币也正在受到来自各个方面的挑战。

区域货币联盟，即某一区域内的国家和地区在货币领域实行协调与结合，形成一个统一体，实现统一货币体系的过程。区域货币联盟的理论基础是蒙代尔所谓的"最优货币区理论"，即一个对内实行单一货币、对外实行浮动汇率并由两个以上国家组成的经济区域。[1] 目前，除欧洲货币联盟外，比较规范和完整的区域货币联盟还有西非货币联盟和中非货币联盟。这些货币联盟是由若干经济发展水平相近的国家通过制订一系列多边协定而产生的货币区域化，它们共同的特征表现为：在成员国主权之上，有一个超国家性质的地区中央银行；由联盟发行的共同货币在联盟内具备法偿货币的法律地位；由联盟制订统一的货币政策；由联盟统一安排并实施对外货币关系。区域货币联盟可以起到降低成员国之间的交易成本、稳定汇率、消除汇率波动风险、扩大区域贸易和投资规模、促进经济发展的作用。

美元化。"美元化"是金融全球化冲击国家货币的另一个产物。作为一种事实，它是指美元在世界各地已经扮演了重要的角色；作为一种过程，它是指美元在美国境外的货币金融活动中无论是深度还是广度均将发挥越来越重要的作用；作为一种政策，它是指一国或一经济体的政府让美元逐步取代自己的货币并最终自动放弃货币或金融主权的行动。[2] 1999年1月，随着阿根廷宣布废除本国货币，彻底实现整个经济美元化的意向，"美元化"终于演变成为一种主动的政府行为。如果说欧元是在若干经济发展水平相近的国家之间通过制定一系

---

[1] ［加拿大］罗伯特·蒙代尔：《蒙代尔经济学文集》第6卷，向松祚译，中国金融出版社2003年版，第113页。
[2] 张宇燕：《美元化：现实、理论及政策含义》，载《世界经济》，1999年第9期。

列多边协定而产生的货币区域化,那么,"美元化"则是通过一种强币向若干国家渗透并部分或全部排挤这些国家的弱币而生成的货币区域化的另一种形式。从长远看,这些国家倡导的"美元化"方案可能使这些国家丧失货币和金融主权,失去用货币政策和金融政策调控本国、本地区经济的手段。

区域性、全球性金融危机的频繁爆发。由于货币越来越超越国家形式,各国经济的相互依赖性空前加强,国际金融市场日益融合,国家对外贸易的依存度日益增大。在这种环境下,经济波动更为频繁。一个国家的内部失衡会很快影响到与此市场相连的其他国家,甚至可能发展成为区域性的金融危机。"金融病毒"的传递使一个国家或地区的金融危机迅速蔓延为全球性金融危机。2008年由美国次贷危机所引发的国际金融危机就是这个明显变化的一个证明。

(四) 国家货币现实挑战的历史溯源

国家货币为什么会受到这些挑战呢？这一问题已经成为理解当代国家货币变革及其未来走向的关键所在。正如我们在前面所讨论的,国家货币的起源必须在一个更广阔的历史过程中定位,它是伴随着19—20世纪民族国家的形成而出现的。民族主义思潮的兴起、工业资本主义的发展、国家财政需求的扩大、新工业技术的应用都是重要因素,因此,当代国家货币之所以受到各种挑战,其原因也应该到创造国家货币的历史结构中去探寻。

首先,如果说国家货币的形成是工业资本主义和国内统一市场的必然要求的话,那么目前国家货币所遭遇到的挑战则与过去20年全球资本主义的发展息息相关。全球资本主义的发展是以全球性的市场经济为特征的,开放自由的货币金融体系的蓬勃发展则是市场经济勃兴的基础。货币与金融在全球市场中的自由流动使得主权国家在其货币供应、外汇汇率和利率水平的管理上显得大为复杂。大量国际资本沿全球化路径扩张并高速游走,极大地改变了各国政府正常发挥管理功能的环境。国际游资的兴风作浪往往会把政府决策的微小失误短时间内在国际市场上无限放大,给该国经济造成毁灭性的打击,严重地损害了国家财政和货币政策的自主性。

其次,在经济全球化过程中,对国家管理权力的挑战在当代货币变革中起到了重要作用。货币替代或美元化之所以在一些发展中国家流行，一个重要原因是这些国家管理和调控国民经济的能力受到了削弱。这种削弱一方面来自国内各种势力对政府权威的挑战，一方面来自国外经济压力，特别是那些背负沉重国际债务，处于债务危机中的国家。在这种情况下，政府既无力执行国家货币政策，也无力影响人们在日常的经济活动中的货币选择。而且，人们也对政府有效管理国家货币的能力失去信心，特别是在高通胀反复出现的国家。

再次，在国家货币形成过程中，新工业技术促进了货币的标准化和规模化生产。而以电脑和网络为代表的现代信息技术催生了一种新的货币形态——电子货币。它具有传统货币所不具有的特点：货币发行的"非中央银行化"；货币产品的个性化；货币流通的高速化、跨国化；货币防伪的技术化。电子货币的这些特性，在提高全球经济福利水平的同时，也给一国经济主权带来了挑战。例如，在发行上，由商业银行和非银行金融机构发行的电子货币，增加了经济意义上的货币品种，减少了民众对国家货币的需求，实际等于削弱了国家货币的发行垄断权和中央银行控制本币的供给能力。正如英国学者斯特兰奇所指出的，计算机、芯片以及卫星所构成的金融业技术创新"已经把货币金融安排的主导性制度改变了"。①

最后，既然从历史上看，国家货币的创造部分是为了激发民族主义认同，那么我们可以认为全球化对民族国家认同的重新塑造也促进了货币变革。全球化加速，民族疆界不断淡化，各个组成部分之间的互动与联系会不断加强，民族国家认同的差别因而趋于相对化、流动化和竞争化。同样，金融全球化要求各国货币体系与货币政策相互合作、相互协调，乃至走向货币一体化。这就严重冲击了国家货币所承载的民族情感。在加拿大就曾经有人做出如下估计：如果让公民自由选择币种开设银行账户并允许他们以任何一种货币交税，绝大多数人根本就不会为了维护国家象征而持有不稳定的本国"劣"币而使用"良"币交税。1998年冬在墨西哥曾经进行过一次民意测验，结果竟有90%的受访者

---

① ［英］苏珊·斯特兰奇：《疯狂的金钱》，杨雪冬译，中国社会科学出版社2000年版，第30页。

赞同接受美元。如果承认公民的意愿才是主权的终极源泉，则至少在部分国家，人们已经不再把货币视为国家的象征。

总而言之，当代货币变革背后的许多因素都可以在形塑国家货币的历史结构和过程中找到。当然，这也并不是说这些因素为当代货币变革提供了一个完全的解释。具体国家和地区的货币变革本身还有其特殊原因，还需要深入到具体环境中去解释。不过，这些因素仍然可能为解释国家货币所面临的当代挑战提供了一个有用的开端与框架。

三、货币：一种语言学的分析向度

语言与货币是现代社会中人与人之间沟通交流的最基本，也是最重要的两种媒介。人们通过语言，与他人进行精神性互动；通过货币，与他人进行物质性交换。语言与货币之间的相似性也为许多思想家所意识到。哲学家休谟指出："语言是未经任何许诺由人类规约逐渐建立起来的。同样，金银也是以这个方式成为交换的共同标准，而被认为足以偿付比金银价值大出百倍的东西。"[①] 社会学家帕森斯将货币视为一种符号性的普遍化的沟通媒介，本质上"是一个符号现象……所以它的分析需要的参照框架接近于语言而不是技术"[②]。传播学家麦克卢汉将货币与语言都作为社会传播的重要媒介，说："语言与货币一样，可以用作感知的储蓄所，当作感知和经验的传输器，把它们从一个人传给另一个人，从一代人传给另一代人。"[③] 可以说，从语言学的角度来认识和理解货币现象是众多社会思想家的一个共识。那么，在语言学的分析向度中，货币究竟如何呈现为一种语言现象呢？

---

① [英] 休谟：《人性论》，关文运译，商务印书馆1980年版，第263页。
② Parsons. T, "On the Concept of Political Power", in Parsons, T (ed). *Sociological Theory and Modern Society*, Cambridge: Cambridge University Press, 1967, p. 345.
③ [加拿大] 马歇尔·麦克卢汉：《理解媒介》，何道宽译，商务印书馆2000年版，第181页。

(一) 货币的语法学：货币的结构规则

语言，从根本上说是一个音义结合的符号系统。音义结合的语言符号相互之间发生关系才能形成一句一句的话，这就需要有结构规则。以语言中音义结合的符号的相互关系和组合规则为研究对象就形成了"语法学"。从语法学看，任何一种货币或货币系统都具有自身的结构与规则。

首先，从结构要素看，货币系统具有语言符号系统的各种构成要素。现代语言学家索绪尔将语言符号的音响形象和概念分别称为能指和所指。能指就是指称的对象，所指就是被指称的对象。语言符号就是能指与所指的结合体。现代货币作为一种符号系统，同样是能指与所指的结合体。现代货币系统主要是由这些要素构成的：物品和服务、货币材质、计算系统、度量系统、书写系统。货币的所指即是指货币能交换到特定的物品和服务。货币并不能交换到所有物品和服务。只有在一个特定社会中，一个对象或服务才成为一种可交换的经济物品。货币的物理形式、数字、度量、书写记录构成货币的能指部分。货币材质是货币符号的物理形式。历史上，充当货币材质的物品多种多样：贝壳、牛羊、金银、纸张、信用卡乃至目前的电子货币。货币作为记账单位，在不同的社会和国家有不同的数字系统。现代货币具有最为发达的标准化、可分性的度量系统，例如人民币中的元与角之间的度量，英镑中的镑与便士的度量等等。而且，现代货币系统都有自己的书写方式，即各种价格体系。

其次，从结构关系看，货币交换关系与语言交流关系是一致的。索绪尔最先意识到这一点。他认为，价值系统是语言学和经济学共同的研究对象。语言学"正如在经济学里一样，人们都面临着价值这个概念。在这两种科学里都涉及不同类事物间的等价系统，不过一种是劳动和工资，一种是所指和能指"①。价值这一概念表明，语言系统和货币符号系统的组织都以本系统内部要素之间的关系为基础。语言符号和货币符号作为社会现象都具备价值的两重关系。这种两重性表现在：1. 一种能与价值有待确定的物交换的不同的物；2. 一些能与

---

① ［瑞士］索绪尔：《普通语言学教程》，高名凯译，商务印书馆1985年版，第118页。

价值有待确定的物相比的类似的物。概括说来,语言符号和货币符号都具有比较价值和交换价值。索绪尔说,要确定一枚五法郎硬币的价值,就必须知道:1. 能交换一定数量的不同东西,比如面包;2. 能与同一币制的类似的价值如一法郎相比或跟另一币制的货币如美元相比。法郎与美元在同类的货币系统中相比较,又与不同类系统中的物相比较。

最后,从结构特性看,作为符号,语言和货币都以抽象的形式为主。语言符号是抽象化的概念(所指)和音响形象(能指)构成的两面体。虽然概念和音响形象都为抽象之物,但是概念比音响形象更为抽象,两者不在同一个层面。货币符号也以抽象的形式为主。从金银到纸币,再到支票、电子货币等等,这一切既反映了社会经济的发展,又反映出流通手段的符号性的增强。德国哲学家西美尔就指出:"货币从它最早所具有的直接性及物质性的形式最终演变成一种理想化的形式,即现在它只行使其体现在某种符号性表达形式之中的作为一种理念的有效功能。"① 货币符号的抽象性不仅体现在形式的变化上,而且还体现在其功能上。在无货币交换时代,物物交换是两人必须在同一时间、同一地点,面对面的具体物品的交换。作为符号的货币则从所有具体的与交换有关的时间、个人、地点和物品中抽象出来的。现代电子货币几乎已经完全摆脱了具体货币材质的束缚,而以一种抽象的数字或电子脉冲的形式,成为一种纯粹的功能。

(二)货币的语义学:货币的意义

语言作为音义结合的符号系统,除了声音还有意义。语言意义反映了语言符号与主客观世界的关系。语义学就是以语言的意义为研究对象的语言学分支。从语义学看,货币不仅仅具有经济意义,而且还具有政治、文化、道德、心理等意义。

现代市场社会的一个重要特点是,把越来越多的在市场范围之外的东西纳入货币交换范围之中,公共权力、友谊、情感、家庭、两性关系等等原来不可

---

① [德]西美尔:《货币哲学》,陈戎女译,华夏出版社2002年版,第82页。

以交换的东西都可以明码标价，在市场上交换。因此，在市场社会建立之后，货币交换的范围和方式都发生了巨大的变化，货币的经济意义日益被强化。

现代货币都是国家发行的信用货币。信用货币本身是没有价值的纸币或电子符号。它们之所以继续被人们所接受，国家权力在其中起着决定性的作用。国家对货币形态的统一，使货币的使用法律化，并且以法律保证了国家对货币制造和发行的垄断，并对制造伪币者加以惩罚，使采用不足值的纸币等信用货币得到有效保证。因此，现代货币都具有国家主权性质：一国一种货币，美国的货币是美元，英国的货币是英镑，日本的货币是日元，中国的货币是人民币。每一种货币在其国家主权范围内都是排他的。用国际货币基金会研究主任穆萨（Mussa，M.）的话说："本质上，世界上所有国家都把保持其国家货币和维护其在相应的司法管辖权内的使用视作享有和展现其主权权威的标志。货币犹如一面旗帜，每一个国家都有自己的旗帜。"①

货币同样是一种文化构成物。货币在不同的文化背景中，会呈现出不同的文化意义。在西方文化中，金钱常常不被人们作为礼物。在西方国家，现金和礼物之间的差别是根深蒂固的。现金被认为是非个人性的，是与市场相关的，因此不是表达私人的自然情感的适当媒介。而在另外一些社会中，现金在一些场合，例如结婚、生育、葬礼上是必要的礼物，甚至是最适当的礼物。在中国新年，给年轻的、未婚的孩子的现金，必须是崭新的、并且是用红色纸包包装起来的。而金钱之所以能够作为适当礼物，是与中国特定的社会文化息息相关的。因为在中国文化中，礼金是传递人情、交换人情的重要方式。礼金一般承载着表达感情和利益诉求的双重内容。②

在日常生活中，人们还赋予货币以强烈的道德意义。人们往往认为通过辛勤劳动得到的金钱具有神圣意义，不劳而获的钱财则被视为是邪恶的。而且人们对货币的使用也给予一定的道德评价。慈善活动表达的是人类对弱者的关爱

---

① ［美］科恩：《货币地理学》，代先强译，西南财经大学出版社2004年版，第1页。
② 翟学伟：《人情、面子与权力的再生产——情理社会中的社会交换方式》，载《社会学研究》，2004第5期。

情感，是充满博爱、奉献精神的伟大事业，体现了超越个人私利的利他同情心和对群体、对社会的责任感。捐赠慈善事业的金钱由此获得了非凡的价值和意义。"慈善是金钱的良心"，金钱在慈善活动中成为真善美和爱的象征。

在市场社会中，货币作为一般社会财富的象征，它对于个体自我的心理确证意义更加重要和突出。购买一个物品是将财产融入个体自我，表现自我的一种形式，即使金钱的潜在购买力对自我感受也是有意义的："由于口袋里有钱，你们在橱窗前停下来，陈列的对象已经有一半是属于你们的了。于是金钱在自为和世界的对象的整个集合之间建立起化归己有的联系。"① 从这个意义上讲，金钱确证了心理自我感。正如社会心理学家林德格瑞指出："在社会金钱竞争中，濒临失败、垮台的人，最初还只是扫兴（欲望得不到满足），继而是忧郁，最后干脆变得麻木不仁了。人们很清楚，一旦没有钱，便削弱了奋斗的基础，这种心理上的影响会降低自我价值感。"② 因此，在现代这个以货币经济为主导的社会中，货币在现代人的生命价值系统中的意义已经得到了空前的提升。拥有尽可能多的货币，以求得社会的认同，确立自我价值与尊严，是一种普遍的社会心理。

（三）货币的语用学：货币的使用

说话实际上是一种言语行为，说出来的话在具体运用中还可能产生意义变化，这就需要研究语境条件、会话含义等等。以各种语境条件和意义变化或者说以语言符号与语言符号的使用者之间关系为研究对象的分支学科，就是"语用学"。在语用学看来，货币的意义不是固定不变的，而是随着货币使用的社会情景而变化的。

后期维特根斯坦就明确指出，货币的意义就是它的用法。他认为，语言并非仅仅是事物的命名，语言的意义不能化约为它所指称的事物。唯名论的错误就是把所有语词都解释成了名称，并没有真正描述语词的用法。这种分析方式

---

① ［法］萨特：《存在与虚无》，陈宣良等译，安徽文艺出版社1998年版，第750页。
② ［美］林德格瑞：《金钱心理学》，宿久高、小筠译，吉林人民出版社1991年版，第96页。

就好像没有相应支付能力的"纸面上的汇票",① 没有实际意义。因此，维特根斯坦强调，语言的意义就是它的用法。货币同样如此。货币本身是什么并不重要，重要的是货币的用法和意义。货币的意义，就像字词的意义，不能还原为它所代表的对象："这儿是词，这儿是含义。这是钱，那是可以用钱买的牛（与钱和牛对照的是：钱和钱的用法）。"② 维特根斯坦虽然仅仅是在分析语言的意义时，顺带点出了语言与货币之间的相似之处，而没有深入分析货币究竟如何在使用中获得意义的，但是他的语言理论告诉我们，货币就像语言一样，是通过它的使用来创造、转换、获得意义的。

货币的意义并不依赖于货币的某些物理特征，相反，它的意义取决于人们在特定的情景中如何使用它。货币表面上很相似，但是它们的意义非常不同。同样一笔钱，就像同一种工具，在一系列不同的社会情景中被用来做各种不同的事情。有些地方是货币不能出现的或不应该存在的，例如礼物交换。货币的有些功能在有些场合是不适当的，例如权钱交易、器官买卖。那么货币在使用中究竟如何获得意义呢？实际上，货币的直接来源、最终来源、未来流向、货币材质都会影响货币的意义。首先，如果货币的直接来源涉及某种不适当的、社会不认可的或者道德上有问题的方式，例如偷盗、售卖毒品、非法的器官交易等等，货币就会成为脏钱或者被界定为非法牟利。其次，货币的最终来源，或者说货币的发行主体也影响着货币的意义。国家发行的法定货币往往具有主权象征、权力意味；地区、组织甚至私人发行的准货币，例如代金券等等往往体现着发行者的社会信用、声誉。再次，货币的意义还取决于它的未来流向。货币未来使用的社会道德性有助于平衡它来源上的道德污点。例如政府使用博彩税收来兴建社会福利设施等等。最后，虽然今天大多数人在市场交易中使用的是纸币，但是金银等传统货币材质仍然具有稳定、优美和值得信赖等品质。

（四）启示与意义：在语言学中重识货币现象与经济学

长期以来，货币问题一直是经济学研究的重要内容。现代经济学基于货币

---

① ［英］维特根斯坦：《哲学研究》，陈嘉映译，上海人民出版社2001年版，第181页。
② ［英］维特根斯坦：《哲学研究》，陈嘉映译，上海人民出版社2001年版，第75页。

的经济职能,深入分析了货币在现代市场经济运行中的机制与作用,形成了货币银行学、金融学、财政学等诸多学科。货币经济学在深化了人们对现代货币、金融、银行的内在运行机制的认识的同时,也用各种艰深的术语和繁杂的数学方程式遮蔽了货币与广阔的社会世界的复杂关系:人们看不到货币结构与语言结构的深层关联,不明白货币符号的各种社会文化意义,更不理解手中的货币在自己精神世界中的位置:"现代经济学使金钱失去了血色"[1]。而从语言学的角度看,货币作为社会的产物,本身就决定了货币问题不仅仅是一个涉及贸易、金融、市场的经济学问题,而且是涉及社会结构、国家权力、人际关系、价值观念、文化生活的社会和文化问题,更是一个与现代人的精神状态、生活方式密切相关的深层次问题。在探讨货币问题时,不能仅仅局限于货币的经济功能,而是应该将货币置于广阔的社会文化环境中,去挖掘货币与社会整体结构的关系,透析货币经济的文化效应,彰显货币的精神心理意义,从而深化我们对货币与现代社会世界整体关系的认识与理解。

不仅如此,从一个更深的层面上看,货币的语言学研究也使得我们重新认识了经济学中的"语言转向"。自 20 世纪初以来,在当代哲学与社会科学中较普遍地发生了一个"语言转向"。以注重数学分析工具的运用和计量模型的建构的新古典主义主流经济学也受其影响。例如经济博弈论专家鲁宾斯坦在其《经济学与语言》中就明确指出:"经济理论是人们对在人类相互作用中的常规性进行解释的一种尝试,而人类相互作用中的最基本的、非物理性的常规性就是自然语言……因为经济人本身就是人类,而对人们而言,语言是制定决策和形成判断过程中的核心工具。"[2] 实际上,在经济行为中,社会的伦理规范、价值观念、人们的即时情绪和心境都会通过所用言语的言辞、语音甚至语调的媒介影响人们的经济决策,而改变经济博弈的社会后果。因此,经济学作为一种研究

---

[1] [澳大利亚]维莱丽·威尔森:《金钱的私生活》,夏骞译,吉林摄影出版社1999年版,第86页。

[2] [以色列]鲁宾斯坦:《经济学与语言》,钱勇、周翼译,上海财经大学出版社2004年版,第6页。

人的经济行为并解释人们经济行为的社会后果的人文社会科学，不能也不可能完全脱离日常语词的描述，完全变成由一种纯数学建模推理而来的理论性逻辑建构。即便如此，也必须由语言来表述。尽管数学也是一种语言，一种理想的理性语言，尽管人们在交往和交易中离不开数量计算与数理推理，但完成人们交易与交往的主要媒介工具仍然是日常语言。从这一视角出发思考问题，就可以认识到，"经济学，如果不思考人们交往与交易中的语言和语言问题，如果不反思经济学作为一种话语体系的内在本质及其局限，恐怕很难向人自身提供和展现一种相对真实图景"[①]。

显然，货币的语言学研究在这方面提供了一个有益的思路。现代语言学力图解决的一个根本问题就是在复杂的现代社会秩序中，个体的行动者如何通过社会性的协调，实现人、社会、世界之间的相互理解。面对这样的问题，语言学认为言说性与书写性语言发展起来作为我们克服自身感官有限性的障碍的工具，在社会和精神层面达到相互沟通与交流，从而实现人以语言的方式拥有世界。因此，语言学的中心问题是意义问题和语言与现实的关系问题。同样，在经济活动中，自从亚当·斯密讨论了市场生产过程中的无数双看不见的手以来，经济学的适当任务就被看做是解释在扩大的社会秩序中，自利的行动者如何能够相互协调，在保持一种匿名的默契中形成有序的经济秩序。虽然很少被承认，但是货币也使得我们能够超越我们的感觉局限——至少在经济决策的语境中——甚至超越语言的局限。因为从语言学角度看，货币本身就是一种语言符号系统。语言和货币都是为了满足人类的交际需要而被社会化的符号。货币为我们提供了一种沟通交流的方式，使得我们所拥有的个人偏好、需要、能力、知识以一种社会的形式可以被使用。当缺乏货币交换时，我们可能会缺乏必要的沟通方式去形成创造性的、复杂的、协调的社会秩序。当我们分析和理解货币在经济和社会行动中的作用时，我们将它类比成语言沟通的一种扩展形式，这将有助于深化我们对货币可能创造什么，同时它的局限又在哪里的认识和

[①] 韦森：《当代哲学中的语言转向与经济学的语言反思》，载《河北学刊》，2003年第1期。

理解。

四、论作为国家意识形态的现代货币

国家意识形态作为一种软权力,在催生民族国家意识、实现统治关系再生产方面有着巨大的作用。不仅如此,国家政治权力也是在国家意识形态的叙述和解释中被大众意识承认和接受,从而获得其存在的合法性的。国家意识形态不仅组织和构成大众的观念,同时造就现实和建构事物的意义。学者们已经指出,许多社会事物都承担着国家意识形态的功能,例如科学技术、消费文化、网络传媒、竞技体育等等,但是往往忽视了货币这一重要的社会因素。究其原因,是人们对于货币的理解依然主要从经济学出发,认为货币的本质是充当经济交换的媒介,其功能是为了降低物物交换的交易成本。但是,如果仅仅将货币理解为一种经济现象,将无法解释国际体系中的大国关系史为什么同时也是一部货币主权的斗争和变迁史?① 同时也难以解释当英国和德国面临失去它们的传统货币时所表现出来的民族主义情绪。② 基于这样的问题与现实,我们认为,从国家意识形态的高度来认识和理解货币,是必要的,也是重要的。

(一) 货币作为国家意识形态的根源

意识形态作为一种社会意识,首先是对社会存在的反映。社会的经济关系和政治关系无疑是最基本的社会存在,正如马克思所说:"物质生活的生产方式制约着整个社会生活、政治生活和精神生活的过程。"③ 因此,现代货币之所以能够作为一种国家意识形态,首先在于现代市场经济中货币的强大功能赋予了货币强烈的意识形态属性。

市场社会的一个重要特点是,把越来越多的在市场范围之外的东西纳入货

---

① [美] 罗伯特·吉尔平:《国际关系政治经济学》,杨宇光译,上海人民出版社2006年版,第115-123页。
② 李明明:《单一货币与认同:关于英国对欧元态度的社会心理分析》,载《上海交通大学学报》(哲学社会科学版),2005年第6期。
③ 《马克思恩格斯全集》第3卷,人民出版社1960年版,第43页。

币交换范围之中，公共权力、友谊、情感、家庭、两性关系等等原来不可以交换的东西都可以明码标价，在市场上交换。因此，货币交换的范围和方式都发生了巨大的变化，货币的功能日益被强化。货币就是表现、度量、购买其他商品或劳务价值无任何障碍的工具，并且是经济价值统一形态暂时的居住所。换言之，花钱时，货币可以面对世界一切商品和劳务进行交换，体现着货币的交易功能；攒钱时，货币作为统一的价值形式，体现着对价值的暂时代表和保留功能。因此，货币是黄金或纸币符号甚至于数据代码等都不重要，重要的是它们可以交换到世界上所有的商品和劳务，可以成为人们手中积攒起来为今后交换到更大和更为广泛商品和劳务的职能特征。货币强大的功能自然而然地引申出了人类社会对货币崇拜的逻辑。货币符号成为社会财富的直接化身，能够购买一切商品，似乎一从地下出来，就具有神奇的魔力："它把我的那些愿望从观念的东西，把那些愿望从它们的想象的、表象的、期望的存在改变成和转化成它们的感性的、现实的存在，从观念转化为生活，从想象的存在转化为现实的存在。作为这样的中介，货币是真正的创造力。"① 似乎这个纯粹的价值符号是真实世界的真正创造者。而这恰恰是货币建构出的一种人们对自身真实生存状态的一种想象性关系，一种"货币幻象"②。

国家意识形态当然不仅仅是一种一般性社会意识，而是统治阶级的社会意识，是现实的阶级关系、经济关系、政治关系等社会存在在统治阶级观念上的反映。其根本目的是保持国家政权体系的顺利运行和社会的稳定，亦即所谓的国家利益，从而最大限度地实现统治阶级的利益。因此，现代货币之所以能够作为一种国家意识形态，更重要的是在于现代货币具有国家主权性质，是民族国家权力建构的产物。

在 19 世纪之前，还没有任何国家期望对所有货币在其自身疆界内进行统一发行和管理。各种货币任意流通，不受疆界地域限制。③ 而 19 世纪是一个高扬

---

① 马克思：《1844 年经济学哲学手稿》，人民出版社 2000 年版，第 144 页。
② 张雄：《货币幻象：马克思的历史哲学解读》，载《中国社会科学》，2004 年第 4 期。
③ [美] 科恩：《货币地理学》，代先强译，西南财经大学出版社 2004 年版，第 40 页。

民族主义和在国家境内普遍实现政治权威集中化的时期。日益强大的民族国家的目标是尽可能地把民族建立为由一个强大的中央权威领导的统一的经济和政治社会,建构一种主权性质的国家货币自然成为这个过程中合乎逻辑的重要部分。这一建构过程交织着政治、经济、文化、科技等诸多社会因素。首先,经济民族主义思潮突出了货币主权与国家利益的密切关系,他们认为经济活动要为而且应该为民族国家建设的大目标即民族国家的整体利益服务,而一种排他性的国家货币作为国家主权的重要组成部分,有助于富民强国。① 其次,国内统一市场的形成迫切要求建立统一的国家货币体系。19 世纪工业资本主义的发展冲击着前资本主义时代的高度地方化的经济,国家范围内的市场出现了更大程度的整合。为了在更大范围的市场内减少交易费用损耗,国家有必要发行一种能突破全国各地空间限制的统一货币。② 再次,军费开支与财政压力是推动货币系统改革的重要动力。现代民族国家建立了一支庞大的职业化的官僚机构和武装力量,这使得中央政府的财政开支急剧扩大。国家将货币的发行收归官方,统一发行单一同质的货币,这就增强了国家从居民手中获取税收的能力,增大公共支付的能力,满足了国家日益扩张的财政需求。③ 最后,新工业技术在货币生产上应用的作用也不可忽略。工业技术的进步第一次使得生产大批量、统一、高质的货币形式成为可能,而且新工业条件下生产的货币也使得假币生产更具难度。因此,主权意义上的国家货币是民族国家发展到一定阶段的历史产物,是民族国家在社会管理方面成熟的标志之一。

(二) 货币作为国家意识形态的功能

从根本上说,任何一种国家意识形态,都是统治阶级用来维护社会政治、经济秩序,并为自身统治的合法性辩护的工具。马克思就曾经指出,在资本主义社会中,"资产阶级撕下了罩在家庭关系上的温情脉脉的面纱,把这种关系变

---

① [英] 埃里克·罗尔:《经济思想史》,陆元诚译,商务印书馆 1981 年版,第 221 页。
② [美] 道格拉斯·诺思:《经济史中的结构与变迁》,陈郁、罗华平译,生活·读书·新知三联书店 1994 年版,第 26 页。
③ [美] 科恩:《货币地理学》,代先强译,西南财经大学出版社 2004 年版,第 55 页。

成了纯粹的金钱关系"。这种纯粹的金钱关系和利己主义思潮正是统治阶级建构的一种意识形态,其目的是维护资本主义的统治秩序和生产方式,"古代社会咒骂货币是自己的经济秩序和道德秩序的瓦解者……现代社会,则颂扬金的圣杯是自己最根本的生活原则的光辉体现"①。具体说来,作为国家意识形态的货币具有以下几个功能。

第一,辩护功能。货币作为一种国家意识形态,在对于国家政权的合法性论证中起到了重要作用。现代货币的国家性质使得它们都是代表本民族国家的利益的,并能为民族成员的利益提供保障作用,尤其是对于民族国家经济安全的保障作用。另外,国家货币往往具有浓厚的民族文化传统特色,使人们相信其合法性。所有国家公民都有平等的权利获得货币,使用货币。这样,国家货币所提供的这种意识形态上的论证,使民族成员感受到国家政权的可靠性和依赖性,使他们在国家货币的功能中找到了民族认同的基础,并通过对于国家政权的认同为其提供合法性的重要政治资源。

第二,激励功能。货币虽然是经济现象,但它的发行和流通包含着有关生活行为和社会组织的信念。它具有超越认知的情感意志。稳定的国家货币往往是民族国家国力强盛、经济发达、生活富足的标志。例如美元、英镑、德国马克等等。它作为民族国家的一面经济旗帜,能够有效地激发个体成员对本民族国家的信心和热情,甚至能激励个体为群体的长期和整体的目标、利益而牺牲自己的局部利益。例如在韩国金融危机时期,韩国人民向政府低价出售金银,力挺韩元。对此,心理学家林德格瑞说:"人们热爱自己的祖国。同样,他们的假想——认为本国的通货有价值,也深深地统一在人们的自我体系之中。"②

第三,规范功能。统一的国家货币作为一种国家意识形态,可以通过对民族国家内部各种利益、团体之间的关系及其行为进行规范,来实现社会协调发展之目的。在统一的国家货币形成之前的混乱的货币状况往往成为各种经济投机活动的便利条件,阻碍社会经济发展,而且也是社会各阶级、阶层冲突的一

---

① 马克思:《资本论》第1卷,人民出版社2004年版,第156页。
② [美]林德格瑞:《金钱心理学》,宿久高、小筠译,吉林人民出版社1991年版,第101页。

个重要根源。统一的有效运作的现代货币制度、金融制度、银行制度,能够有力地协调社会经济活动和社会各阶级人群的交往,有利于提高人们的经济诚信,形成良好的自律,促进个体对经济秩序、道德秩序的遵守,减少机会主义行为。

第四,整合功能。货币作为一种国家意识形态,还具有将民族成员的活动和行为纳入到一定的"轨道"中而有序进行的功能。各个地区多种货币形态的使用以及相互之间的兑换,增加了商品交换的时间成本和经济成本,阻碍着各地商品和服务的快速流通。当民族国家的经济活动被纳入到统一的货币制度中并按一定方式来运行的时候,分散的社会经济活动就会聚集起来,形成一种合力,使民族国家的经济力量得到整体发挥。而且统一的货币制度便利了社会各阶级、各阶层人们之间的经济交往,加强了他们之间的社会联系。对此,波兰尼说:"关于货币的保护主义则是一种全国性因素,它经常将多种多样的利益融为一体……货币制度确实是能整合国家的经济力量中最强大的一个。"①

第五,扩展功能。作为一种国家意识形态,现代货币往往成为一国扩展其政治意识形态的国际影响力的重要手段。具有强大综合国力支撑的国家货币的影响不仅仅限于经济领域,而且还会扩散到政治、文化方面。例如,美元的影响远远不只是经济性的。人们追求美元,直接的表现是追求美元代表的经济价值,实际上是在追求中崇拜隐藏在美元之后的美国政治、经济和社会制度以及文化意识形态等,并内含着对美国政治、经济和社会制度的某种自动与自愿的服从。这种崇拜和服从本身已经表明,美元这种国家货币国际化以后对于国际社会产生了极为强烈的全方位影响。正如蒙代尔所言:"即使不能说是霸权,美元起码也具有国际首要地位的潜在象征。也就是约瑟夫·奈所讲的'软实力'——一个通过塑造观念、信仰和感知而施加影响的能力。"②

(三)货币作为国家意识形态的机制

任何一种建构意识形态的符号媒介都有自己独特的作用机制和路径。那么,

---

① [匈牙利]卡尔·波兰尼:《大转型:我们时代的政治与经济起源》,冯钢、刘阳译,浙江人民出版社2007年版,第173页。
② 张宇燕、张静春:《货币的性质与人民币的未来选择》,载《当代亚太》,2008年第2期。

现代货币的国家意识形态是如何建构起来的呢？我们需要进一步深入分析货币意识形态的建构路径。大致说来，货币主要通过以下几种机制，发挥着意识形态功能。

第一，货币图像。早在民族国家的时代之前，专制君主们就努力将他们的印章或头像镌刻在他们发行的货币上，从而宣扬他们的权力和威望。这种做法激发了19世纪的民族主义者们利用货币图像达到政治目标的想法，促进了国家的整体性。著名历史社会学家霍布斯鲍姆在关于19世纪末民族主义文化传统的大众化生产的重要文章中就明确指出货币是"最普遍的公共图像形式"①。美国政府在1863年创造出单一国家货币时就重新设计了钞票样式。鉴于内战的残酷，联邦党人的政治家特别热衷于坚持新货币上的图像必须能增强一种民族国家感。最终，新货币印有著名人物（例如哥伦布、富兰克林、华盛顿等）、著名事件（独立日、莱克星敦之战、伯格尼将军的投降等）和标志性符号（国旗、首都等）。因为这些事件、人物和符号被认为对于美国的历史和文化具有重要意义。②

第二，货币语言。安德森已经指出，在19世纪，一种标准化的统一的"民族的印刷语言"的建构被视为创造一个新的民族政治共同体和认同感的重要途径。③ 统一的现代货币的创造可以被看作是国家的建设者们所创造的一种标准化的民族语言。现代货币能够将一国范围内的所有事物化约为一种共同的语言，不仅能够使得人们在经济上方便交流，而且在交流时能够以一种相似的方式来思考。通过消除所有差异，现代货币建构出一种"想象的共同体"。马克思就指出，世界货币的广泛运用，例如金银，将促进所有商品生产者之间认同的一种世界主义形式的出现："随着同国家铸币对立的世界货币的发展，商品所有者的世界主义就发展为对实践理性的信仰，而与阻碍人类物质变换的传统的宗教、

---

① ［英］埃里克·霍布斯鲍姆：《传统的发明》，顾杭、庞冠群译，译林出版社2004年版，第361页。
② ［英］约翰·乔恩：《货币史》，李广乾译，商务印书馆2002年版，第403页、第404页。
③ ［美］本尼迪克特·安德森：《想象的共同体》，吴叡人译，上海人民出版社2005年版，第66页。

民族等等成见相对立……在商品所有者看来，整个世界都融化在其中的那个崇高的观念，就是一个市场的观念，世界市场的观念。"① 世界货币在所有商品生产者中建构出了一个想象的、观念的世界市场的共同体。

第三，货币体验。通过在日常生活中使用相同的货币，一国的人们感知相同的货币现象，这将有助于人们产生一种置身于共享命运的共同体中的体验。例如，每个人都会体验到国内货币供给的增加对自己日常生活的直接影响。如果一国的外贸状况恶化，那么该国的货币就可能贬值。随之而来的是所有的人都会在不同程度上，或不同方面感觉到这种贬值所造成的冲击。这并不是说这些集体体验对不同的个人、群体或地区导致了相同的结果，关键在于不管这些影响多么不同，至少该国的所有人都会同时同步、集体性地感受到货币环境的变化。用波兰尼的话说："在现代货币经济条件下，没有人不是每天感到金融扩张或收缩的尺度的影响。人们变得对货币非常敏感。"②

第四，货币信任。现代货币是一种信用货币，凝聚着社会信任。这种社会信任包括对作为货币发行者的国家与政府的纵向信任与对作为货币使用者的他人的横向信任。首先，人们对货币发行方的信任感至关重要。这是因为在一定稳定的经济社会中，任何个人和机构的承诺与保证的信用力量都是有限的，唯有国家具有相对最为强大的信用力量。一个民主而合理的国家政权制度，是全体国民信誉的集中体现。在民众对国家信任的基础上，企业之间、个人之间接受货币是信用货币有效性的第二个条件。人们在商品交换中接受货币就是相信在未来其他人也接受货币，货币在未来同样能够购买到商品和服务，支付债务，能够凭借一纸凭证占有价值物。因此，人们必须承认他们的货币价值和使用依赖于对民族国家的信任和对他人的信任，这种依赖则反过来加强了人们对共同体的信念和归属感。

总而言之，货币在市场经济中本身所具有的意识形态属性及其作为民族国

---

① 《马克思恩格斯全集》第 31 卷，人民出版社 1998 年版，第 547 页。
② ［匈牙利］卡尔·波兰尼：《大转型：我们时代的政治与经济起源》，冯钢、刘阳译，浙江人民出版社 2007 年版，第 20 页。

家权力建构的产物决定了它在国家意识形态中的重要位置。作为国家意识形态的现代货币通过货币图像、货币语言、货币体验与货币信任为国家政权提供了合法化论证,激励着民族情感,协调社会活动,整合国家力量,扩展国际影响。因此,作为国家意识形态的货币更清晰地反映了政治统治的直接需要,并将一种现成的权力结构的意识形态内化在大众的思想之中。人们在现代货币的日常使用中,不自觉地遵从着各种社会、经济规则,服从着权力管理模式,认同着民族国家利益,"它存在于物质的意识形态机器当中,并规定了受物质的仪式所支配的物质的实践,而这些实践则存在于主体的物质行为中,于是这个主体就在完全意识到的情况下按照他的信仰来行动了"①。

五、论全球化背景下作为国家形象战略的货币

在全球化浪潮席卷而来的今天,国家形象前所未有地受到主权国家的关注。作为国际关系中的一种柔性因素和国家软实力的重要体现,国家形象具有现实的战略价值。学者们已经指出,一个国家和民族的文化传统、意识形态、价值观念、政府素质、人民素质、民族性格、知识科技、传播媒介等都可以成为构建和塑造国家形象的途径和要素,但是往往忽视了现代货币这一重要的社会事物。

(一)货币作为国家形象战略的根源

形象作为意识范畴,"在任何时候都只能是被意识到了的存在"。无论国家希望塑造怎样的形象,构成这个形象的素材必然是来源于现实中的国家。因此,国家实力是国家形象的基础。国家形象是国家实力的表现与象征,是主权国家最重要的无形资产,是综合国力的集中体现。而现代货币之所以能够作为一种国家形象的战略要素,其根源在于现代货币具有国家主权性质,是民族国家权力建构的产物。

---

① [法]阿尔都塞:《意识形态和意识形态国家机器》,见李恒基:《外国电影理论文选》,上海文艺出版社1995年版,第652页。

在 19 世纪之前，还没有任何国家期望对所有货币在其自身疆界内进行统一发行和管理。各种货币任意流通，不受疆界地域限制：一国范围内，往往充斥着大量的外国货币，国家为此制订出不同货币的兑换率；地方商业机构或市镇发行的低面值的地方货币并没有被整合进正式的高面值的金属货币体系；官方发行的货币本身就是多种多样的，缺乏统一的标准。① 因此，大多数国家和地区的货币结构呈现出一种层叠式的交错的状态，而不是内在统一的排他性的现代主权国家货币体系。

马克思就曾经指出，铸币形式的货币代表着不同的民族国家，具有极强的政治象征意义，"作为铸币的货币，同作为计算货币的货币一样，有地方性和政治性，讲不同的国语，穿不同的民族制服"②。马克思还进一步得出，货币本身就是共同体，"货币在这里实际上表现为他们（社会成员）的共同体，这种共同体以物的形式存在于他们自身之外"③。货币以物的形式象征着作为共同体的民族国家的权力、地位和荣誉。

（二）货币作为国家形象战略的功能

国家形象战略是主权国家为了实现国家利益而综合运用政治、经济、文化、传播等手段来调动、挖掘、协调、整合各种战略资源来追求和塑造国家理想形象的科学与艺术。因此，国家形象战略的核心目的是维护国家利益："'国家形象'在全球化时代显得特别重要，已经成为国家利益的重要内容。损害国家形象，实际上就是损害国家利益，反之亦然。"④ 在全球化的背景下，作为国家形象战略的现代货币不只是对国家政治、经济利益产生重大影响，对国家文化利益和安全利益的重要性也越来越突出。

首先，作为国家形象战略的货币是维护和巩固国家在国际社会中政治威望的有效手段。美国学者傅立民认为："国际威望（International Prestige）是指一

---

① ［美］科恩：《货币地理学》，代先强译，西南财经大学出版社 2004 年版，第 40 页。
② 《马克思恩格斯全集》第 31 卷，人民出版社 1998 年版，第 501 页。
③ 《马克思恩格斯全集》第 31 卷，人民出版社 1998 年版，第 323 页。
④ 俞可平：《全球化时代的国家形象. 乔舒亚·库珀·雷默等. 中国形象———外国学者眼里的中国（序言）》，社会科学文献出版社 2006 年版，第 2 页。

个国家通过把国内的道德、知识、科学、艺术、经济或军事等成果向他国投射（project）而获得一种理想的国际形象（foreign image，国家的对外形象）。"[1] 国际威望是国家政治利益的重要内容，而国际威望的树立和作为国家形象战略的货币有着直接的因果关系。在1998年的亚洲金融风暴中，中国坚持人民币不贬值，并积极通过国际货币基金组织向其他国家提供援助，从而为自己赢得了"负责任国家"的声誉。相反，在2008年的国际金融危机中，美国为了一己私利，开动印钞机，凭空造出大量美元，埋下全球性通货膨胀的祸根。这一做法不仅使得以美元为世界货币的国际体系面临严重的信任危机，而且无疑也大大降低了美国作为世界领导国家的国际威望。

其次，作为国家形象战略的货币是增强本国对国际经济组织的影响力和世界其他国家的吸引力，从而提升自己的国际经济地位的重要途径。美国经济在二战后处于世界经济中的霸主地位，由此形成美元在世界经济和国际货币体系中的核心地位，导致了发展中国家以及转轨中国家美元化的趋势。这种世界范围内广泛存在的美元化现象从某种意义上说，正是美国经济实力及其影响的体现，甚至可以认为，美元化就是"美元霸权"的体现。而美国从美元化中显然得到了巨大的经济利益，并集中表现在美元作为大多数贸易品的计价单位和流通支付手段上，表现在由此而来的巨额铸币税上，表现在美国的货币政策具有全球影响力上。与美国经济规模和成熟的金融市场密切相关的事实美元化，也是华尔街保持其全球金融中心地位的主要原因之一。[2]

再次，作为国家形象战略的货币是国家推行自身思想文化、意识形态的重要渠道和特殊领域。一国的经济实力越是强大，该国的货币具有的影响越大。这种影响不仅仅表现在经济方面，而且还会扩散到思想、文化方面。例如，美元的影响远远不只是经济性的。货币作为一般财富的代表，从统一为黄金货币开始，就成为世界的一种追求偶像甚至图腾。人们用黄金来赞美世间所有价值连城的东西，使之成为自然界赋予人类社会价值的一种绝对存在。然而，当这

---

[1] 李智：《文化外交：一种传播学的解读》，北京大学出版社2005年版，第61页。
[2] 张宇燕：《美元化：现实、理论及政策含义》，载《世界经济》，1999第9期。

种绝对存在被美元等制度工具替代后，人们所崇尚的对象就发生根本性的变化了。人们追求美元，直接的表现是追求美元代表的经济价值，实际上是在追求中崇拜隐藏在美元之后的美国政治、经济和社会制度以及文化意识形态等，并内含着对美国政治、经济和社会制度的某种自动与自愿的服从。正如某些学者所言："美元霸权要求自由、无管制的市场，要求贸易双赢、经济社会线型进步等粉饰太平的言论，实质上是新自由主义发挥作用的支柱性机制。而新自由主义倡导市场万能，资本主义是永恒的，恰好起到了为美元霸权鸣锣开道、极尽护航保驾的作用。"①

最后，作为国家形象战略的货币是巩固国家安全、构筑国家间互信、缓解安全困境的重要机制。一方面，国家货币是维护民族国家独立自主的政治空间的重要武器，能够使政府避免这种关键资源在某些方面依赖其他国家。国家货币在某个国家与世界其他地方之间划出了一条清晰的边界，这些边界加强了政治统治，政府在制定和实施政策时得以摆脱外界的影响或制约。另一方面，信誉良好的国家货币是加强国家间货币金融合作、减少贸易摩擦、防范金融风险、构筑友善、亲和的互信机制的有效方式。中国在1998年金融危机中所表现出来的负责任大国形象，使得中国在2000年关于建立区域性货币互换网络的"清迈协议"中扮演了积极的角色。人民币所表现出来的积极国家形象塑造有助于在东亚金融合作中提高中国的向心力和凝聚力，加强中国在东亚金融合作中的话语权和影响力，有助于合作主导权和合作收益的取得。

（三）货币作为国家形象战略的途径

世界各国都从长远发展角度出发，根据国内外局势来规划和制定国家形象战略，竞相以开放姿态参与全球化进程，并借助于各种形式、各种途径的国家形象传播，积极进行国际对话，广泛开展国际交流，力求把握机遇，规避风险，寻求利益，谋求发展。那么，作为国家形象战略的货币如何实现国家利益呢？

---

① 林小芳：《美元霸权：我们时代的痛》，载《读书》，2000年第7期。关于美国在东欧货币金融改革中推行新自由主义的理论与实践，见［英］彼得·高恩：《华盛顿的全球赌博》，顾薇译，江苏人民出版社2003年版，第9章。

我们认为,货币的国际化是一条重要途径。

货币国际化,指一种货币突破国别界限,在国际贸易和国际资本流动中行使交易媒介、价值尺度、贮藏手段等职能。这种状态下的货币称为国际货币。从历史上看,国际体系中的大国关系史同时也是一部货币权力的斗争和变迁史。大国在其中追逐其货币的国际化以及由此带来的霸权和利益,同时又竭力排斥别的国家竞争和取代自己的位置。[①] 19世纪70年代之前,世界实行金银复本位制,此后迅速向金本位制过渡。英国在1816年建立金本位制。由于英国的世界工厂地位,英镑成为国际清算中的硬通货,与黄金一起发挥着世界货币的作用。此时,显示"日不落帝国"强大的不仅在于庞大的殖民地、威名远扬的大不列颠舰队和生机勃勃的工业生产,还在于它控制了近百年的国际货币金融体系。

1900年美国通过了金本位法案,开始登上国际金融舞台。1912年,塔夫脱总统提出金元外交政策,确立依靠美洲争夺全球金融霸权的战略。第一次世界大战赋予了美国全球性的实力和地位,战后的美国货币政策进一步走向开放。[②] 1929-1933年的经济危机沉重打击了英镑的货币霸权地位。"二战"后,美国趁英国经济濒于崩溃、亟须援助之机,以英国必须承认美元的霸主地位等极苛刻的条件为前提,向英国提供巨额贷款,迫使英镑大幅度贬值,英镑地位自此一落千丈,再也没有恢复元气。在1944年的布雷顿森林会议上,美元成为与黄金相等的储备货币和主要国际支付手段,取得了凌驾于其他货币之上的特权。同时,美国将其控制的国际货币基金组织作为对外经济扩张的工具,并利用其他国家的经济困难,大量进行商品和资本输出,造成本国巨大的国际收支顺差,其他国家出现经常性国际收支逆差,使美元在国际上极端走俏,以致造成了世界范围的"美元荒"。美元也由此成为具有与黄金同等的价值的货币,而被称为"美金"。"美元荒""美金"是美元地位如日中天的表现,也是美国完全确立其世界货币金融霸主的国家形象的标志。

---

① 鲁世巍:《美元霸权与国际货币格局》,中国经济出版社2006年版。
② 余志森:《美国通史第四卷:崛起和扩张的年代1898—1929》,人民出版社2004年版,第517页。

从英镑美元的国际化历程来看，一国货币的国际地位主要取决于该币背后的多种经济因素。首先，一国经济实力与货币地位存在相当大的相关性。规模大的经济体拥有规模经济效益，可以为本国货币提供坚实的经济基础和广阔的活动基地，它也拥有巨大的贸易容量和资本市场，为本国企业提供利用本币进行贸易投资的充分空间，而且还不易受到外部冲击的影响，为投资者提供安全的投资环境。一国经济实力越强，其他国家对其货币就越有信心，需求也就越大。因此，货币背后的权力特征使蒙代尔感叹道："强大的国家拥有强大的货币"①。其次，国际货币必须具有高度的稳定性。一国货币要在国际货币职能的各个领域发挥作用，占据有利位置，必须币值稳定。只有币值稳定，钉住该国货币，才有助于增强钉住国货币的信誉和稳定性，起到稳定钉住国贸易与投资，促进其经济发展的目的。一国货币越稳定，保留这种货币的风险越小，各国人民就越愿意持有这种货币作为储备货币。再次，一种货币要想成为国际货币，该货币发行国还必须拥有一个没有资本控制，广泛、深入的金融市场。金融市场的开放为非居民手中的该国货币资金提供了一个价值储藏、投资增值的场所，从而提高非居民对该国货币的持有意愿。因此，一国货币国际化，是国家综合实力提高的体现，必将提高其在国际货币体系中的影响力和在国际社会中的地位，从而有助于货币作为国家形象战略的实现。

总而言之，在全球化条件下，在和平、发展、合作的时代背景下，国家形象已经成为极重要的国际关系博弈的变量，国家形象战略无疑也成为世界各国谋求国家利益的重要手段。而在建构国家形象战略时，除借助经贸关系、外交活动、传媒信息、民间交往等方式和途径之外，货币也应该被纳入这一系统工程中。特别是对于正在和平崛起的中国来说，此举显得尤为迫切和重要。中国经济持续健康发展，社会主义市场经济改革逐渐深入，参与国际贸易和资本往来的广度与深度不断增强，人民币币值稳定且越来越接近完全可兑换目标。东南亚经济危机过后，中国区域经济强势与人民币坚挺形象凸显。1998 年的亚洲

---

① 张宇燕、张静春：《货币的性质与人民币的未来选择》，载《当代亚太》，2008 年第 2 期。

金融危机中，中国顶住了巨大的压力，承诺人民币不贬值，这是对遭受危机的东盟国家最有力的金融援助，作为一个发展中大国承担了超强的国际责任和负担，表现出的高度责任感和良好声誉，受到了国际舆论的广泛赞誉，也赢得了东盟各国的信任，更是树立了人民币在东南亚地区的坚挺形象，大大提高了人民币的国际威望。因此，从作为国家形象战略的高度来审视人民币的国际化就显得必要且重要了。

六、货币化的社会价值观念批判

社会价值观念，是指"社会主体的价值观念，是以社会自身的存在、发展为基础而确立形成的种种价值观念"①。它是在特定社会生活的基础上，通过评价形式所形成的对整个社会和个人具有影响作用的观念意识，是社会群体进行价值评价，决定价值取向的内在依据。从宏观角度说，一个社会的价值观念是一定社会文化的主干。

如前所述，现代社会是以市场、货币交换、资本为主导的市场社会结构。货币成为人们日常生活中重要的组成部分。这是一种整体的社会结构性变动。这种结构性的转换必然影响到社会价值观念的转换。马克思曾指出："人们的观念、观点和概念，一句话，随着人们的生活条件、人们的社会关系、人们的社会存在的改变而改变。"② 在市场社会中，以工具理性为原则，以效益最大化为目标，以自由竞争为手段的经济行动，必然要求人们把货币作为衡量经济活动收益的尺度。金钱成为理性的社会行动的必要计算手段，成为衡量人们社会活动、社会地位、社会关系的必要手段。这样，在市场经济的社会背景下，货币也必然被人们赋予较高的社会价值，成为形塑现代社会价值观念的强大力量。

（一）金钱至上价值观念的形成

在传统社会，人们也追求金钱，但是挣钱的合理性是受到宗教、伦理、政

---

① 李德顺、马俊峰：《价值论原理》，陕西人民出版社2002年版，第237页。
② 《马克思恩格斯选集》第1卷，人民出版社1995年版，第291页。

治上的理由支撑的。韦伯指出，在新教伦理看来，人们追求金钱的合理性在于给上帝增添荣耀。加尔文教派的预定论指出，确定自己是否是上帝的选民的唯一出路就是世俗的成功，因为世俗的成功为上帝所喜欢。若是在世俗世界中越成功，金钱积累得越多，你越有可能成为上帝的选民："如果财富是从事一项职业而获得的劳动果实，那么财富的获得便又是上帝祝福的标志了。"① 加尔文教派的教义强调以现世的财富和成就来荣誉上帝，这就使赚取财富不再是一种罪恶，而在良心上反而有一种荣誉感、道德感和神圣感。加尔文教派的预定论则赋予赚钱致富以道德和神圣意蕴。在中国，人们也认为，赚钱的合理性在于社会目标，而不是个人的私欲。张载说："利之于民，则可谓利。利于身，利于国，皆非利。"② 利益的获取，应该以社会，以百姓为目的，而不是为了自己或者君王。王阳明在谈到讲学传道之人是否可以经商营利时说："且天下首务，孰有急于讲学耶？虽治生亦是讲学中事。但不可以之为首务，徒启营利之心。果能于此处调停得心体无累，虽终日做买卖，不害其为圣为贤。"③ 人们可以追求金钱营利之事，但是不能把这作为人生的首要任务和目的，应该看作是为了提高人的道德修养和品质。使赚钱服从于上帝的意志，把"治生"纳入"为圣为贤"之中，这是前市场社会时代的主导社会价值观念。

随着市场社会的形成和发展，社会价值观念发生了一个根本性的变化。这就是，经营不是为了上帝的拯救，不是为了社会道德的完善，不是为了个人品质修养的提升，而是为了实用、为了功利、为了赚钱。舍勒将这一转换界定为"价值的颠覆"，即"价值序列最为深刻的转化是生命价值隶属于有用价值"④，表现在商业和企业家的职业价值、成功价值，精打细算的利益价值被抬高为普遍有效的道德价值，甚至被抬高为这些价值中的最高价值。而勇气、尊严、高贵、对领主、家庭的忠诚、对经济财富的等闲视之的态度都隶属于上述价值。

---

① ［德］韦伯：《新教伦理与资本主义精神》，于晓、陈维纲等译，生活·读书·新知三联书店1987年版，第135页。
② 余英时：《内在超越之路》，中国广播电视出版社1992年版，第334页。
③ 余英时：《内在超越之路》，中国广播电视出版社1992年版，第344页。
④ ［德］舍勒：《舍勒选集》，生活·读书·新知三联书店1999年版，第512页。

也正如韦伯所言,赚钱动机成为资本主义的一条首要原则:"人竟被赚钱动机所左右,把获利作为人生的最终目的。在经济上获利不再从属于人满足自己物质需要的手段了。这种对我们所认为的自然关系的颠倒,从一种朴素的观点看是极其非理性的,但它却显然是资本主义的一条首要原则。"[①]

而且市场社会的一个重要特点是,把越来越多的在市场范围之外的东西纳入到货币交换范围之中,公共权力、友谊、情感、家庭、两性关系等等原来不可以交换的东西都可以明码标价,在市场上交换。马克思指出,"资产阶级撕下了罩在家庭关系上的温情脉脉的面纱,把这种关系变成了纯粹的金钱关系"。一个用血缘与亲情结合起来的传统社会,被冷冰冰地对货币数量的理性计算所取代,它"把宗教虔诚、骑士热忱、小市民伤感这些情感的神圣发作,淹没在利己主义打算的冰水之中。它把人的尊严变成了交换价值,用一种没有良心的贸易自由代替了无数特许的和自力挣得的自由"[②]。因此,在市场社会建立之后,货币交换的范围和方式都发生了巨大的变化,金钱的功能日益被强化。金钱就是表现、度量、购买其他商品或劳务价值无任何障碍的工具,并且是经济价值统一形态暂时的居住所。换言之,花钱时,金钱可以面对世界上一切商品和劳务进行交换,体现着金钱的交易功能;攒钱时,金钱作为统一的价值形式,体现着对价值的暂时代表和保留功能。因此,金钱是黄金或纸币符号甚至于数据代码等都不重要,重要的是它们可以交换到世界上所有的商品和劳务,可以成为人们手中积攒起来为今后交换到更大和更为广泛商品和劳务的职能特征。金钱强大的功能自然而然地引申出了人类社会对金钱崇拜的逻辑:既然金钱可以面对世界上所有的商品和劳务,可以积攒成大的价值量来交换更为特殊的商品和劳务,那么,获得它就是获得整个世界商品和劳务的选择权,获得大量的金钱就是获得整个商品和劳务世界的更大部分,金钱的社会地位就由此凸现出来,这便产生了对金钱追求和崇拜的基础经济动因。

---

① [德]韦伯:《新教伦理与资本主义精神》,于晓、陈维钢等译,生活·读书·新知三联书店1987年版,第37页。

② 《马克思恩格斯选集》第1卷,人民出版社1995年版,第275页。

特别地，金钱还从单纯的经济活动走向全面的社会生活。无论是人们在意志、情感、心理等方面多么的高贵与不同，客观上，人的能力、人的需要、人的价值是以他赢得、掌握或支配的货币量来表达的。一个手中掌控着巨大数量货币的人在货币世界里就是自由的，就是一个能实现自我意志的人。反之，"他的需求是纯粹观念的东西，它对我、对第三者、对另一个人是不起任何作用的，是不存在的，因而对于我本人依然是非现实的，无对象的"①。人们对金钱的追求和崇拜，就走向登峰造极之境了。用西美尔的话说，金钱成为"世界的世俗之神"："人们经常抱怨金钱是我们时代的上帝……金钱越来越成为所有价值的绝对充分的表现形式和等价物，它超越客观事物的多样性达到一个完全抽象的高度。它成为一个中心，在这一中心处，彼此尖锐对立、遥远陌生的事物找到了它们的共同之处，并相互接触。所以，事实上也是货币导致了那种对具体事物的超越，使得我们相信金钱的全能，就如同信赖一条最高原则的全能"②。

不论是马克思所指出的"货币拜物教"，还是西美尔关于金钱成为"世俗之神"之说，都突出了在市场社会背景下金钱功能及其扩展所引发的金钱至上的社会价值观念。

（二）金钱至上价值观念的特征

在市场社会中，金钱至上的社会价值观念主要有两个重要特征。第一，货币将所有价值同一化，通约化，构造出一个均质化的"货币价值世界"。第二，货币由纯粹手段价值上升为纯粹目的价值。

1. 均质化的货币价值世界的构造

既然金钱的功能是代表别的物品或劳务的价值，交换别的物品和劳务的价值，那么，当你手中有钱的时候，它就将世间各种各样实实在在的物品和劳务的具体差别完全"夷平"了。用马克思的话说："正如商品的一切的质的差别在

---

① 马克思：《1844年经济学哲学手稿》，人民出版社2000年版，第144页。
② ［德］西美尔：《金钱、性别、现代生活风格》，刘小枫编译，学林出版社2000年版，第12页。

货币上消灭了一样，货币作为激进的平均主义者把一切差别都消灭了。"① 在货币面前，一切抽象的和具体的，一切劳动的和非劳动的物品都转化为一种具有象征意义的符号，转为可以计算的抽象数字，转化为量化的货币价值。举例说来，用十元钱购买有形的茶杯和用十元钱购买一小时他人的服务，人们所看到的，一方面是茶杯和劳务具体形态完全不同的两种东西的差别，另一方面，则是这两种不同形态东西在价值上的同一性，它们"都值十元钱"。显然，货币价值的同一性，可以无限制地伸展开来。十元钱可以面对整个世界那些"值十元钱"的一切物品或非物品存在。不论你手持的是本身就有实体价值的金银，还是本身没有实体价值的符号货币或纸币，这种夷平差别而导致价值上的同一性的货币，建构了一个同一性的，通约化的"货币价值世界"：它"是由人们之间相互服务的社会经济关系的数量化构成的世界。它是一个纯数量世界——只具有用货币表达的劳动价值数量"②。

物品体系五彩缤纷的不可通约的效用价值被消解了，各种具体价值之间的质的差异被消解了，转换为没有质的差异的货币数量世界，一个由抽象劳动时间构成的世界。甚至，人的生命的一切丰富的因素，社会生活中的一切内容，其存在"价值"的唯一衡量标准就是它的"交换价值"：它们必须到市场中，贴上价格标签，作为一种商品获得其存在的唯一理由。真、善、美、艺术、尊严、人格等，如果不能被换算为货币价值，就等于失去了存在的意义。整个价值世界转化为一道数学题："对于他们来说，'什么东西有价值'的问题越来越被'值多少钱'的问题所取代。"③ 这个过程正是社会价值观念的"祛魅"：价值观念世界中丰富多彩的不可通约的质被祛除掉了，人们之间那种带有某种"神圣"色彩的伦理关系被祛除掉了，转变为用货币数量关系表达的理性关系。它使得一种纯粹数量的价值不断压倒品质的价值，从而导致社会价值观念的量化、同一化、通约化。"没有任何绝对的价值，因为对货币来说，价值本身是相

---

① 马克思：《资本论》第 1 卷，人民出版社 2004 年版，第 155 页。
② 鲁品越：《货币化与价值世界的祛魅》，载《江海学刊》，2005 第 1 期。
③ [德] 西美尔：《金钱、性别、现代生活风格》，刘小枫译，学林出版社 2000 年版，第 8 页。

对的。没有任何东西是不可让渡的,因为一切东西都可以为换取货币而让渡。没有任何东西是高尚的、神圣的等等,因为一切东西都可以通过货币而占有。正如在上帝面前人人平等一样,在货币面前不存在'不能估价、不能抵押或转让的','处于人类商业之外的','谁也不能占有的','神圣的'和'宗教的东西'。"① 在此,货币以一种经济性的符号来兑换对象化世界的一切存在。

2. 手段价值对目的价值的僭越

金钱至上的社会价值观念的另一个重要特征表现为货币对终极价值的僭越:货币由纯粹手段价值上升为纯粹目的价值。

在《货币哲学》中,西美尔分析了货币从手段价值成为目的价值的内在原因。西美尔认为,在相对原始的阶段,人们的简单生活必需品通过简单的目的序列和直接的行动来获得。而随着社会经济的发展,日益分化的劳动分工和更为精细的需要使得现代人的目的序列不断延伸。单个目标的完成需要愈来愈复杂的手段和工具。"文化的发展倾向就是使那些指向较近目标的目的论序列延伸,而同时使那些指向较远目标的目的论序列缩短。"② 目的的序列越是延伸,手段中介就越增加,带来的最大危险就是人们过分专注于手段工具的应用,最后遗忘了要实现的目标。目的为手段所遮蔽,人们陷身于手段的迷宫,并由此遗忘了最终目的。这是所有较高程度的文明的一个主要特征。"在这个过程中,影响最大的因素就是金钱。一种只作为手段才有价值的对象,以如此大的能量,如此完整、如此成功地将生活的全部内容(实际上或表面上)都化为这样一种仅凭自身就能令人满意的追求目标。"③ 那么金钱是如何做到这一点的呢?

无论是在经济活动还是社会交往中,无论是经验事实还是理论分析都表明,货币只是完成既定目标的中介手段或工具:它天然就不是社会生活的目的:花钱是为了得到另外的东西,攒钱同样是为了得到另外的东西,攒钱本身并非目的。为什么说货币只是一种手段或工具而不是目的呢?西美尔指出,"因为工具

---

① 《马克思恩格斯全集》第 31 卷,人民出版社 1998 年版,第 252 页。
② [德] 西美尔:《货币哲学》,陈戎女译,华夏出版社 2002 年版,第 138 页。
③ [德] 西美尔:《金钱、性别、现代生活风格》,刘小枫译,学林出版社 2000 年版,第 11 页。

自身不是目的，作为一种绝对价值也好，作为某种能够在我们身上产生功效的东西也好，它都缺少目的所显示出来的那种相对独立性——它是一种绝对的手段"，"货币是最纯粹的工具；它是一种制度或习俗，通过它，个人可以把他活动和拥有都集中起来以便取得他不能直接取得的目标"①。货币自身显然是缺少"相对独立性"的东西，它只是一种物品和劳务等具体价值的代表和实现具体价值的中介。它们自身并不能够直接地满足人的任何实际需求，金银不能吃也不能喝，纸币本身就更没有具体使用价值。因此货币只是手段或工具。

然而，货币这种手段或工具，在一个不断发展的货币经济中，在一个发达的市场社会中，它深深地介入到了人们的生活、存在或生命的方方面面和各个细节。世界上所有的物品或服务的价值只能与一种价值来进行交换，这就是货币；但是货币却可以与世界中任何一个物品进行交换，在无限领域内对任何物品的选择成为可能。货币因此拥有了最大限度的可获取的价值。这使得金钱获得了中心的地位，它将光芒照射到现代生活的许多具体特征中。金钱使个体完全满足自己愿望的机会近在咫尺，更加充满诱惑，仿佛有可能一下子就获取完全值得追求的东西。金钱在人和他的愿望之间插入了一个中介阶段、一种缓和机制。凭借金钱这种手段可以获得数不胜数的其他东西，就使人们产生了这样的幻想，好像我们比以往更容易获取所有这些东西。

这样，货币在人们心目中的价值地位便不得不发生观念性的巨大逆转。西美尔对此说："人们将货币——一种获得其他物品的纯粹手段——看作一件独立的物品；货币的整个意义只是作为过程，只是作为通向最后目标和享用的一系列步骤中的一个环节，如果在心理上这一系列步骤中断在这一环节上，我们对目标的意识就会停留在金钱上。大多数的现代人在他们生命的大部分时间里都必须把赚钱当作首要的追求目标，由此他们产生了这样的想法，认为生活中的所有幸福和所有最终满足，都与拥有一定数量的金钱紧密地联系在一起。在内心中，货币从一种纯粹地手段和前提条件成长为最终的目的。"② 货币从绝对手

---

① ［德］西美尔：《货币哲学》，陈戎女译，华夏出版社2002年版，第140页。
② ［德］西美尔：《金钱、性别、现代生活风格》，刘小枫译，学林出版社2000年版，第10页。

段向绝对目的的转化是经济活动在现代社会价值观念中深度化的逻辑产物。在西美尔看来,经济活动导致人们价值认识的重心偏移,货币代替其他的价值上升为生活追求的最终目标。"很明显,终极目的的这种以最综合、最极端的形式的超前发生,不是在生活过程的中间事件中,反而倒是在货币中。有这么一些东西,其自身价值完全来自其作为手段的特质、来自其能够转化为更具体价值的能力,但从来还没有一个这样的东西像货币一样如此畅通无阻地、毫无保留地发展成为一种绝对地心理性价值,一种控制我们实践意志、牵动我们全部注意力的终极目的。"①

(三) 金钱至上价值观念的后果

货币成了社会的终极价值目的,成了现代社会的宗教,成了世界的世俗之神。但是这个世俗之神本身并不具有价值,实际上也无法成为实质性目的。由此导致的社会后果是所有实质性的、目的性的社会价值受到贬值和损害,整个社会陷入价值虚无主义的泥淖。②

马克思认为,在资本主义生产方式下,为了满足实际需要,追求获取更多货币,资本使出浑身解数掠夺性地开放自然,征服自然,并用死劳动统治活劳动,自然价值和人的价值都遭到贬低:"它剥夺了整个世界——人类世界和自然界——本身的价值……在私有财产和金钱的统治下形成的自然观,是对自然界的真正的蔑视和实际的贬低。"③ 而在西美尔看来,现代货币,特别是符号货币本身就是一种无风格、无特点、无内容、无色彩的存在。当它作为价值的终极标准,它就会凭借平均化、量化的手段,将一切带有目的性的东西降格,挖空事物本身的特性,损害事物特有的价值。"货币使一切形形色色的东西得到平衡,通过价格多少的差别来表示事物之间的一切质的区别。货币是不带任何色

---

① [德] 西美尔:《货币哲学》,陈戎女译,华夏出版社2002年版,第161页。
② 对于价值虚无主义的成因,马克思、尼采、西美尔各有回答。马克思认为,资本剥夺了其他所有事物、人和自然的固有价值;尼采以上帝之死来概括;西美尔则从货币的特性出发。见贺来:《马克思的哲学革命与价值虚无主义》,载《复旦学报》(社会科学版),2004年第6期;张凤阳:《虚无主义价值观及其文化效应》,载《南京大学学报》(哲学社会科学版),2003年第6期。
③ 《马克思恩格斯全集》第1卷,人民出版社1956年版,第448-449页。

彩的，是中立的，所以货币便以一切价值的公分母，成了最严厉的调解者。货币挖空了事物的核心，挖空了事物的特性、特有的价值和特点，毫无挽回的余地。事物都以相同的比重在滚滚向前的货币洪流中漂流，全都处在同一个水平，仅仅是一个个的大小不同。"① "货币到处都被视为目的，迫使众多真正目的性的事物降格为纯粹的手段。"② 自由、平等、民主、幸福等目的性价值在金钱至上的社会中逐渐萎缩，对真善美的价值追求蜕变成片面追逐货币财富。当所有神圣的价值都遭到亵渎，货币取代它们成为社会终极价值之后，随之而来的就是价值虚无主义。

尼采说："虚无主义意味着什么？——意味着最高价值自行贬值。没有目的，没有对于目的的回答。"③ 在现代货币经济主导的社会世界中，社会精神质态中以上帝为中心的神性——形而上的品质逐渐消退，而以货币为象征的工商——理性算计特性取而代之。货币价值世界是一个价值无终结性的世界，始终无法确定最终的归宿，个体的价值始终在路上，找不到真正的皈依处。终极价值的追求被货币的无休止追求所替代。人的一生中的最大部分时间和精力不得不把挣钱作为目标，生活的幸福和满足都与占有一定数量的货币或者货币等价物相联系，货币由一种单纯的手段和前提条件转化为一种人生价值的目标。而货币本身的无限运动和价值循环就决定了一旦人的价值与货币或者货币等价物紧密联系，那么在货币体系链条中生存和发展的人就会不由自主地被各种货币等价物所肢解、所分离，显现出货币作为纯粹手段的真正本质：一旦手段被看作目的，不能令人满足的货币价值的虚无性就会暴露无遗。

因此，当货币成为社会价值观念的中心时，这必然造成社会价值观念的终极意义的失落："货币经济最终让货币价值作为唯一有效的价值出现，人们越来越迅速地同事物中那些经济上无法表达的特别意义擦肩而过。对此的报应似乎

---

① [德] 西美尔：《桥与门——齐美尔随笔集》，涯鸿等译，生活·读书·新知三联书店1991年版，第265－266页。
② [德] 西美尔：《货币哲学》，陈戎女译，华夏出版社2002年版，第347页。
③ [德] 尼采：《权力意志》，张念东等译，商务印书馆1996年版，第280页。

就是产生了那些沉闷的、十分现代的感受：生活的核心和意义总是一再从我们手边滑落；我们越来越少获得确定无疑的满足，所有的操劳最终毫无价值可言。"① 正是在这个意义上，西美尔认为"货币只不过是通往最终价值的桥梁，而人们是不能始终居住在这座桥上的"②。生命的终极意义和价值若是寄托在这个空洞的手段之上，最终的虚无就是注定的。

---

① [德] 西美尔：《金钱、性别、现代生活风格》，刘小枫译，学林出版社2000年版，第8页。
② [德] 西美尔：《社会是如何可能的》，林荣远译，广西师范大学出版社2002年版，第77页。

参考文献

一、马恩原著

《马克思恩格斯全集》第 1 卷,人民出版社 1956 年版。
《马克思恩格斯全集》第 2 卷,人民出版社 1957 年版。
《马克思恩格斯全集》第 3 卷,人民出版社 1960 年版。
《马克思恩格斯全集》第 4 卷,人民出版社 1958 年版。
《马克思恩格斯全集》第 6 卷,人民出版社 1961 年版。
《马克思恩格斯全集》第 13 卷,人民出版社 1962 年版。
《马克思恩格斯全集》第 21 卷,人民出版社 1972 年版。
《马克思恩格斯全集》第 24 卷,人民出版社 1972 年版。
《马克思恩格斯全集》第 30 卷,人民出版社 1995 年版。
《马克思恩格斯全集》第 31 卷,人民出版社 1998 年版。
《马克思恩格斯全集》第 32 卷,人民出版社 1998 年版。
《马克思恩格斯全集》第 46 卷(上),人民出版社 1979 年版。
马克思:《1844 年经济学哲学手稿》,人民出版社 2000 年版。
马克思:《资本论》第 1—3 卷,人民出版社 2004 年版。

二、其他著作

[澳大利亚] 维莱丽·威尔森:《金钱的私生活》,夏骞译,吉林摄影出版社 1999 年版。

［德］M. 舍勒：《舍勒选集》，倪梁康等译，生活·读书·新知三联书店1999年版。

［德］哈贝马斯：《交往行动理论》第2卷，洪佩郁、蔺青译，重庆出版社1993年版。

［德］黑格尔：《法哲学原理》，范扬、张企泰译，商务印书馆1961年版。

［德］康德：《实用人类学》，邓晓芒译，上海人民出版社2002年版。

［德］尼采：《权力意志》，张念东、凌素心译，商务印书馆1996年版。

［德］尼克拉斯·卢曼：《信任》，瞿铁鹏译，上海人民出版社2005年版。

［德］桑巴特：《奢侈与资本主义》，王燕平、侯小河译，上海人民出版社2005年版。

［德］韦伯：《韦伯作品集：非正当性支配——城市的类型学》，简惠美译，广西师范大学出版社2005年版。

［德］韦伯：《韦伯作品集：经济行动与社会团体》，康乐、简惠美译，广西师范大学出版社2004年版。

［德］韦伯：《新教伦理与资本主义精神》，于晓、陈维纲等译，生活·读书·新知三联书店1987年版。

［德］西美尔：《货币哲学》，陈戎女译，华夏出版社2002年版。

［德］西美尔：《金钱、性别、现代生活风格》，顾仁明译，学林出版社2000年版。

［德］西美尔：《桥与门——齐美尔随笔集》，涯鸿、宇声译，生活·读书·新知三联书店1991年版。

［德］西美尔：《社会是如何可能的》，林荣远译，广西师范大学出版社2002年版。

［法］鲍德里亚：《象征交换与死亡》，车槿山译，译林出版社2006年版。

［法］布罗代尔：《15—18世纪的物质文明、经济和资本主义》，顾良、施康强译，生活·读书·新知书店2002年版。

［法］杜丹：《古代世界经济生活》，志杨译，商务印书馆1963年版。

［法］福柯：《词与物》，莫伟民译，上海人民出版社2001年版。

［法］居依·德波：《景观社会》，王昭风译，南京大学出版社2006年版。

［法］拉康：《拉康选集》，褚孝泉译，生活·读书·新知三联书店2001年版。

［法］利奥塔：《后现代性与公正游戏——利粤塔访谈书信录》，谈瀛洲译，上海人民出版社1997年版。

［法］让·鲍德里亚：《消费社会》，刘成富、全志刚译，南京大学出版社2001年版。

［法］萨特：《存在与虚无》，陈宣良等译，安徽文艺出版社1998年版。

［法］涂尔干：《自杀论》，冯韵文译，商务印书馆1996年版。

［法］韦尔南：《希腊思想的起源》，秦海鹰译，生活·读书·新知三联书店1996年版。

［法］雅克·勒高夫：《钱袋与永生——中世纪的经济与宗教》，周嫄译，上海人民出版社2007年版。

［古希腊］柏拉图：《理想国》，郭斌和、张竹明译，商务印书馆1986年版。

［古希腊］普鲁塔克：《希腊罗马名人传》上册，陆永庭、吴彭鹏译，商务印书馆1990年版。

［古希腊］亚里士多德：《尼各马可伦理学》，廖申白译，商务印书馆2003年版。

［古希腊］亚里士多德：《政治学》，颜一、秦典华译，中国人民大学出版社2003年版。

［加拿大］罗伯特·蒙代尔：《蒙代尔经济学文集》第6卷，向松祚译，中国金融出版社2003年版。

［加拿大］马歇尔·麦克卢汉：《理解媒介》，何道宽译，商务印书馆2000年版。

［美］C.赖特·米尔斯：《社会学的想象力》，陈强、张永强译，生活·读书·新知三联书店2001年版。

［美］阿里夫·德里克：《后革命氛围》，王宁等译，中国社会科学出版社1999年版。

［美］贝尔纳德·列特尔：《货币的未来》，林罡译，新华出版社2003年版。

［美］本杰明·科恩：《货币地理学》，代先强译，西南财经大学出版社2004年版。

［美］本尼迪克特·安德森：《想象的共同体》，吴叡人译，上海人民出版社2005年版。

［美］查尔斯·金德尔伯格：《疯狂、惊恐和崩溃——金融危机史》，叶翔、朱隽译，中国金融出版社2007年版。

［美］戴维·博伊：《金钱的运作》，李阳译，新星出版社2007年版。

［美］道格拉斯·诺思：《经济史中的结构与变迁》，陈郁、罗华平译，生活·读书·新知三联书店1994年版。

［美］凡勃伦：《有闲阶级论》，蔡受百译，商务印书馆1964年版。

［美］弗罗姆：《健全的社会》，王大庆等译，国际文化出版社公司2003年版。

［美］哈维：《后现代的状况》，阎嘉译，商务印书馆2003年版。

［美］亨利·斯皮格尔：《经济思想的成长》，晏智杰等译，中国社会科学出版社1999年版。

［美］林德格瑞：《金钱心理学》，宿久高、小筠译，吉林人民出版社1991年版。

［美］罗伯特·吉尔平：《国际关系政治经济学》，杨宇光译，上海人民出版社2006年版。

［美］麦克尔·哈特、［意］安东尼奥·奈格里：《帝国——全球化的政治秩序》，杨建国等译，江苏人民出版社2003年版。

［美］塞尔：《社会实在的建构》，李步楼译，上海人民出版社2008年版。

［美］泰德·克劳福德：《钱的秘密生活》，罗汉、丁洁译，上海人民出版社2003年版。

[美] 泰勒·考恩:《商业文化礼赞》,严忠志译,商务印书馆2005年版。

[美] 威尔·杜兰:《世界文明史·希腊的生活》上卷,幼狮文化公司译,东方出版社1998年版。

[美] 伊曼纽尔·华勒斯坦:《历史资本主义》,路爱国、丁浩金译,社会科学文献出版社1999年版。

[美] 詹姆斯·科尔曼:《社会理论的基础》,邓方译,社会科学文献出版社1999年版。

[美] 詹姆斯·汤普逊:《中世纪晚期欧洲经济社会史》,徐家玲等译,商务印书馆1996年版。

[秘鲁] 夫雷维利亚:《哲学与社会科学》,载《国外社会科学》,1986年第9期。

[苏] 卢森贝:《十九世纪四十年代马克思恩格斯经济学说发展概论》,方钢、杨慧廉、郭从周译,生活·读书·新知三联书店1958年版。

[日] 栗本慎一郎:《经济人类学》,王名等译,商务印书馆1997年版。

[日] 伊藤·诚、[希腊] 考斯达斯·拉帕维查斯:《货币金融政治经济学》,孙刚、戴淑艳等译,经济科学出版社2001年版。

[瑞士] 索绪尔:《普通语言学教程》,高名凯译,商务印书馆1980年版。

[匈牙利] 卡尔·波兰尼:《大转型:我们时代的政治与经济起源》,刘阳、冯钢译,江苏人民出版社2007年版。

[匈牙利] 卢卡奇:《历史与阶级意识》,杜章智、任立、燕宏远译,商务印书馆1992年版。

[以色列] 鲁宾斯坦:《经济学与语言》,钱勇、周翼译,上海财经大学出版社2004年版。

[意] 康帕内拉:《太阳城》,陈大维等译,商务印书馆1980年版。

[英] 欧文:《欧文选集》下卷,柯象峰、何光来、秦果显译,商务印书馆1965年版。

[英] 埃里克·霍布斯鲍姆:《传统的发明》,顾杭、庞冠群译,译林出版

社 2004 年版。

［英］埃里克·罗尔：《经济思想史》，陆元诚译，商务印书馆 1981 年版。

［英］艾德里安·弗恩海姆、［英］迈克尔·阿盖尔：《金钱心理学》，李丙太、高卓、张葆华译，新华出版社 2001 年版。

［英］安东尼·吉登斯：《现代性的后果》，田禾译，译林出版社 2000 年版。

［英］彼得·高恩：《华盛顿的全球赌博》，顾薇等译，江苏人民出版社 2003 年版。

［英］彼得·温奇：《社会科学的观念及其与哲学的关系》，张庆熊等译，上海人民出版社 2004 年版。

［英］戴维·哈维：《后现代的状况》，阎嘉译，商务印书馆 2003 年版。

［英］弗里斯比：《现代性的碎片》，卢晖临译，商务印书馆 2003 年版。

［英］吉登斯：《社会理论与现代社会学》，文军、赵勇译，社会科学文献出版社 2003 年版。

［英］卡特里奇：《剑桥插图古希腊史》，郭小凌等译，山东画报出版社 2005 年版。

［英］洛克：《政府论》下篇，叶启芳、瞿菊农译，商务印书馆 1962 年版。

［英］迈克尔·曼：《社会权力的来源》第 1 卷，刘北成译，上海人民出版社 2002 年版。

［英］苏珊·斯特兰奇：《疯狂的金钱》，杨雪冬译，中国社会科学出版社 2000 年版。

［英］汤姆逊：《古代哲学家》，何子恒译，生活·读书·新知三联书店 1963 年版。

［英］托马斯·莫尔：《乌托邦》，戴镏龄译，商务印书馆 1982 年版。

［英］维特根斯坦：《哲学研究》，陈嘉映译，上海人民出版社 2001 年版。

［英］休谟：《人性论》，关文运译，商务印书馆 1980 年版。

［英］休谟：《休谟经济论文选》，陈玮译，商务印书馆 1984 年版。

［英］亚当·斯密：《亚当·斯密关于法律、警察、岁入及军备的演讲》，

陈福生、陈振骅译，商务印书馆1962年版。

［英］约翰·乔恩：《货币史》，李广乾译，商务印书馆2002年版。

［法］阿尔都塞：《意识形态和意识形态国家机器》，见李恒：《外国电影理论文选》，上海文艺出版社1995年版。

北京大学哲学系：《古希腊罗马哲学》，生活·读书·新知三联书店1957年版。

陈彩虹：《亚洲金融危机十年祭》，载《书屋》，2007年第12期。

陈庆德：《经济人类学》，人民出版社2001年版。

侯才：《青年黑格尔派与马克思早期思想的发展》，中国社会科学出版社1994年版。

李德顺、马俊峰：《价值论原理》，陕西人民出版社2002年版。

李智：《文化外交：一种传播学的解读》，北京大学出版社2005年版。

林直道：《危机与萧条的经济理论》，中国人民大学出版社2005年版。

刘永佶：《马克思经济学手稿的方法论》，河南人民出版社1993年版。

鲁世巍：《美元霸权与国际货币格局》，中国经济出版社2006年版。

罗念生：《论古希腊戏剧》，中国戏剧出版社1985年版。

苏国勋：《社会理论与当代现实》，北京大学出版社2005年版。

汪丁丁：《货币：相同者的永恒轮回》，见张雄、鲁品越：《中国经济哲学评论》（2004货币哲学专辑），社会科学文献出版社2005年版。

汪和建：《迈向中国的新经济社会学：交易秩序的结构研究》，中央编译出版社1999年版。

杨适：《哲学的童年》，中国社会科学出版社1987年版。

余英时：《内在超越之路》，中国广播电视出版社1992年版。

余源培、荆忠：《寻找新的学苑——经济哲学成为新的学科生长点》，上海社会科学院出版社2001年版。

余志森：《美国通史第四卷：崛起和扩张的年代1898—1929》，人民出版社2004年版。

俞可平:《全球化时代的国家形象.乔舒亚·库珀·雷默等.中国形象——外国学者眼里的中国(序言)》,社会科学文献出版社2006年版。

张一兵、周晓虹、周宪:《社会理论论丛》,南京大学出版社2001年版。

张一兵:《回到马克思》,江苏人民出版社2003年版。

张一兵:《马克思历史辩证法的主体向度》,河南人民出版社1995年版。

Baker. W, "What is Money? A Social Structural Interpretation", In Mizruchi. M and Schwartz. B (eds), *Intercorporate Relations: A Structural Analysis of Business*, Cambridge: Cambridge University Press, 1987.

Borneman. E (ed), *The Psychoanalysis of Money*, New York: Urizen Books, 1976.

Bryan. S. Green, *Literary Methods and Sociological Theory: Case Studies of Simmel and Weber*, The University of Chicago Press, 1988.

Corbridge. S and Thrift. N, "Money, Power and Space: Introduction and Overview", In Corbridge. S Thrift. N (ed), *Money, Power and Space*, Cambridge: Blackwell, 1994.

Crump. T, *The Phenomenon of Money*, London: Routledge, 1981.

D. Frisby (ed), *Georg Simmel: Critical Assessments*, Volume I, London and New York: Routledge, 1994.

Desmonde. W, *Magic, Myth, and Money*, The Free Press Glencoe, 1962.

Dodd. Nigel, *The Sociology of Money: Economics, Reason and Contemporary Society*, London: Polity Press, 1994.

Dodd. Nigel, *The Sociology of Money: Economics, Reason and Contemporary Society*. London: Polity Press, 1994.

Gouldner. A. W, *The Coming Crisis of Western Sociology*, New York: Basic Books, 1970.

Guthrie, *A History of Greek Philosophy*, Vol. 1, Cambridge: Cambridge University Press, 1978.

Guyer. J (ed), *Money Matter*, Portsmouth: Heinemann, 1995.

H. Gerth & C. Wright Mills, "Introduction: The Man & His Work", H. Gerth & C. Wright Mills (ed), *From Max Weber*, London, 1947.

Hegel, *System of Ethical Life and First Philosophy of Spirit* (1803/4), Albany, N. Y, 1979.

Kant, "What is Money?", In W. Hastie (ed), *Kant's Philosophy of Law*, Edinburgh: Clark 1887, p. 126.

Swedberg. R, "Major Traditions of Economic Sociology", *Annual Review of Sociology*, Vol. 17, 1991.

Zelizer. V. A, "The Social Meaning of Money: Special Monies", *American Journal of Sociology*, Vol. 95, No. 2, 1989.

三、期刊论文

［法］让·克洛德·德洛奈：《全球化的金融垄断资本主义》，载《国外理论动态》，2005 年第 10 期。

杜林致、乐国安：《国外金钱心理研究综述》，载《西北师大学报》（社会科学版），2002 年第 2 期。

韩立新：《〈穆勒评注〉中的交往异化：马克思的转折点》，载《现代哲学》，2007 第 5 期。

韩震：《论德国浪漫主义者对人的理解》，载《山西师大学报》，2001 年第 2 期。

郝永平：《危机问题的哲学探究》，载《求是学刊》，2003 年第 9 期。

贺来：《马克思的哲学革命与价值虚无主义》，载《复旦学报》（社会科学版），2004 年第 6 期。

［德］赫斯：《论货币的本质》，载《国际共运史研究资料》，1982 年第 4 期。

姜海波：《私有财产的外化与交往异化——解读詹姆斯·穆勒〈政治经济学

原理〉一书摘要》，载《现代哲学》，2008年第3期。

李明明：《单一货币与认同：关于英国对欧元态度的社会心理分析》，载《上海交通大学学报》（哲学社会科学版），2005年第6期。

刘洪军：《西方货币理论的逻辑矛盾及其根源》，载《南开经济研究》，2004年第2期。

宓文湛：《货币观念的哲学审视——"货币哲学高级研讨会"综述》，载《哲学动态》，2004第4期。

欧阳彬：《货币的人学向度——论<1844年经济学哲学手稿>的货币哲学》，载《哈尔滨学院学报》，2005年第3期。

任平：《论马克思主义研究视域的统一性》，载《马克思主义研究》，2007年第7期。

王峰明、牛变秀：《超越货币本质的"一般论"与"特殊论"的对立》，载《教学与研究》，2004年第11期。

韦森：《当代哲学中的语言转向与经济学的语言反思》，载《河北学刊》，2003年第1期。

韦森：《货币、集体意向性与市场的道德基础》，载《学术月刊》，2003年第8期。

卫兴华：《货币的本质规定究竟是什么？》，载《当代经济研究》，2005年第2期。

翟学伟：《人情、面子与权力的再生产——情理社会中的社会交换方式》，载《社会学研究》，2004第5期。

张凤阳：《虚无主义价值观及其文化效应》，载《南京大学学报》（哲学社会科学版），2003年第6期。

张建君：《质疑"超越货币本质'一般论'与'特殊论'的对立"》，载《探索与争鸣》，2007年第1期。

张雷声：《马克思主义整体性的三个层次》，载《思想理论教育导刊》，2008年第2期。

张雄:《货币:一种哲学向度的思考》,载《哲学动态》,2003年第8期。

张雄:《货币幻象:马克思的历史哲学解读》,载《中国社会科学》,2004年第4期。

张宇燕、张静春:《货币的性质与人民币的未来选择》,载《当代亚太》,2008年第2期。

张宇燕:《美元化:现实、理论及政策含义》,载《世界经济》,1999年第9期。

赵小琪:《金钱和金钱崇拜——新生代小说中金钱欲的文化阐释》,载《天津社会科学》,2001年第1期。

Arnaud. G, "Money as Signifier: A Lacanian Insight into the Monetary Order", *Free Associations*, Vol. 10, No. 1, 2003.

Bellkn. R, "The Sacred Meaning of Money", *Journal of Economical Psychology*, No. 11, 1990.

Carruthers. B and Espeland. W, "Money, Meaning and Morality", *Amercian Behavioral Scientist*, Vol. 41, No. 10, 1998.

Collins. R, "The Bankers", *The American Journal of Sociology*, Vol. 85, No. 1, 1979.

Dalton. G, "*Primitive Money*", *American AnthropologistNew Series*, Vol. 67, No. 1, 1965.

Dodd. N, "Laundering Money: on the Need for Conceptual Clarity within the Sociology of Money", *European Journal of Sociology*, Vol. 46, No. 3, 2005.

Doty. R, "Matthew Boulton and the Coinage Revolution", *Rare Coin Review*, Vol. 61, 1986.

Doyle. K, *Toward a Psychology of Money Amercian Behavioral Scientist*, Vol. 35, No. 6, 1992.

E. Durkheim, "Review of Georg Simmel' *Philosophie des Geldes*", in D. Frisby (ed), Georg Falicov. J. C, "The Cultural Meaning of Money: Case of Latinos and

Anglo – Americans", *Amercian Behavioral Scientist*, Vol. 45, No. 2, 2001.

Ganssmn. H, "Money – A symbolically Generalized Medium of Communication? On the Concept of Money in Recent Sociology", *Economy and Society*, Vol. 17, No. 4, 1988.

Hadreas. P, "Money: A Speech Act Analysis", *Journal of Social Philosophy*, Vol. 20, No. 3, 1989.

Horwitz. S, "Money and The Interpretive Turn: Some Considerations", *Symposium*, Vol. 8, No. 2, 2004.

Ingham. G, "Money Is a Social Relation", *Review of Social Economy*, Vol. 54, No. 4, 1996.

Laidler. David and Rowe. Nicholas, "Georg Simmel's Philosophy of Money: A Review Article for Economists", *Journal of Economic Literature*, Vol. 18, No. 1, 1980.

Lapavitsas. C, "The Social Relations of Money as Universal Equivalent: A Response to Ingham", *Economy and Society*, Vol. 34, No. 3, 2005.

Melitz. J, "The Polanyi School of Anthropology on Money: An Economist's View", *American Anthropologist*, New Series, Vol. 72, No. 5, 1970.

Mizruchi. M & Stearns. L, "Money, Banking and Financial Markets", in Smelser. N&Swedberg. R (ed), *The Handbook of Economic Sociology*, Princeton University Press, 1994.

P. Sorokin, *Contemporary Sociological Theory*, New York: Harper, 1928.

Parry. J and Bloch. M (ed), *Money and the Morality of Exchange*, Cambridge: Cambridge University Press, 1989.

Parsons. T, "On the Concept of Political Power", in *Sociological Theory and Modern Society*, New York, 1967.

Parsons. T, "General Theory in Sociology", in Merton. R (ed), *Sociology Today*, Basic Books, 1959.

Parsons. T, "General Theory in Sociology", in Merton. R (ed) . *Sociology Today*, London: Basic Books, 1959.

Parsons. T, "On the Concept of Political Power", in Parsons, T (ed) . *Sociological Theory and Modern Society*, Cambridge: Cambridge University Press, 1967.

Ryle. G, "The Theory of Meaning", In C. A. Mace (ed), *British Philosophy in The Midcentury*, London, Allen&Unwin, 1957.

S. P. Altmann , "Simmel's Philosophy of money", in D. Frisby (ed), *Georg Simmel: Critical Assessments*, Vol. 1. Routledge Press, 1994.

Smelser. N&Swedberg. R (ed), *The Handbook of Economic Sociology* , Princeton University Press, 2005.

Suzuki. H, Money and Discourse: From a Realist Perspective, Paper presented at the 5th Annual IACR Conference, 2001.

后　记

自 2005 年发表《货币的人学向度》一文至今，我从事货币哲学研究不知不觉已有十余年。这期间，能够支持我将这项研究工作不断开展下去的是那份对问题的好奇、对学术的兴趣。

我依然清晰地记得在 2004 年的某个傍晚，我来到学校东门外的盛世情书店浏览新书，不经意间瞄到一本名为《货币哲学》的大部头著作。心中顿起疑惑与好奇：货币一般是经济学、金融学的研究对象，怎么也能进入哲学的研究视野呢？是不是像经营哲学、处世哲学、修身哲学之类的通俗读物？再看作者西美尔，何许人也？似乎未曾耳闻。在此情景下，我翻开书，就被译者导言中对西美尔的介绍与《货币哲学》的主题思想所深深吸引。在驻足阅读了一个多小时后，几番纠结，终于下定决心买下了这本对于当时作为穷学生的我来说略显昂贵的书。从此以后，对西美尔、对货币哲学的研究兴趣与日俱增，不仅收罗与阅读了当时国内西美尔的所有中英文著作及其研究著述，而且从对西美尔的货币哲学向马克思、向其他西方思想家的货币哲学扩展，从货币哲学向货币社会学、文化学、政治学延伸，从货币问题向金融、金融化问题深入……

因此，这本小书可算是至今依然让我感怀的这份好奇与兴趣的一个见证。我相信，好奇与兴趣是学术研究中最重要的精神动力，也是生活工作中最宝贵的情愫品质。如果说"有趣是人生最重要的事情"的话，那我很庆幸，能在这里找到自己的所爱。

除了几篇新近增补的文章，本书的主要内容是 2005—2010 年发表在《国外社会科学》《天津社会科学》《学习与探索》《自然辩证法研究》《理论与现代化》《黑龙江社会科学》《国际商务》《北京工业大学学报》《山西师大学报》等学术期刊上的论文。在此对帮助和支持我成长的这些期刊和编辑，致以诚挚的谢意。同时感谢我的两位研究生刘玉婷与王静为本书内容的整理和注释核对所做的许多工作。此外，本书出版受到电子科技大学"哲学社会科学青年接力计划"的资助，在此表示深深的谢意。

限于作者的水平，书中难免有不妥之处；恳请同行专家、学者和读者批评指正。

欧阳彬

2018 年 7 月 12 日